꿈을 견딘다는 건 힘든 일입니다.
쌓아도 무너지는 모래 위의 아침처럼 거기 있는 꿈
그 길이 너무 멉니다.
가보지 못한 길은 영원히 허기진 그리움입니다.

꿈에 수작을 걸다

신경희 에세이

오늘의문학사

국립중앙도서관 출판시도서목록(CIP)

꿈에 수작을 걸다 : 신경희 에세이 / 지은이: 신경희. -- 대전 : 오늘의문학사, 2015
p. ; cm

표제관련정보: 마음풍경 소소한 향기가 있는 교단에세이
ISBN 978-89-5669-683-6 03810 : ₩12000

한국 현대 수필[韓國現代隨筆]

814.7-KDC6
895.745-DDC23 CIP2015014181

꿈에 수작을 걸다

여는 글

첫 교단에세이집을 묶을 때 나태주 시인은 제게 주문을 하셨습니다. "앞으로 용기를 내어 보다 높은 문장의 세계에 도전해보라" 가슴에 새겨 글을 쓸 때마다 단 한 단어라도 되짚어보았습니다. 하지만 다시 묶으려고 보니 그렇지 못합니다. 그래도 "책을 내고 나면 새로운 글이 씌어질 것이다. 그것은 마치 샘물을 푸면 새로운 물이 고이는 것과 다르지 않다."라던 말씀에 용기를 냈습니다.

교육청으로 전직하여 학교와는 사뭇 다른 풍경 속에서 지냈습니다. 그러다 보니 딱히 '교단에세이'란 이름표를 달기엔 어색함이 있습니다. 교육청에서 생활하면서 상대해야 할 일들이 미로처럼 난감하고 삭막할 때도 있었습니다. 그 때마다 틀에 박힌 일상을 거부하는 몸짓과 마음에 항생제를 투여하듯 뭔가를 끄적이곤 했습니다. 그 시간만큼은 일상에서의 도피랄까. 깨어 있으면서도 꿈을 꿀 수 있었기 때문입니다. 별반 달라진 건 없어도 홍분과 멀미를 온몸으로 느낄 수 있는 시간이어서 참 좋았습니다.

실같이 가늘어졌지만 버리지 못하는 꿈이 있습니다. 멍울진 마음을 한 올 한 올 풀어내어 시(詩)를 써보는 것입니다. 꿈을 견딘다는 건 힘든 일입니다. 쌓아도 무너지는 모래 위의 아침처럼 거기 있는 꿈. 그 길이 너무 멉니다. 가보지 못한 길은 영원히 허기진 그리움입니다.

누군가를 사랑하면 일생 섬이 된다고 했던가요. 첫 교단에세이를 묶을 때의 아쉬움에 공허하고 울적할 때마다 흉내 낸 꿈을 어디라도 얹어 놓고 싶었습니다. 그래서 무모한 만남을 주선했습니다. 40여 편의 소소한 글에 꿈을 봄바람처럼 매달았습니다.

첫 책을 내던 그 날과 마찬가지의 벅참과 떨림으로……

헌데 낯설고 어설픕니다. 얼굴이 달아올라 노을처럼 붉어집니다.

새로운 질서를 만드는 힘을 가진 봄 봄 봄
민들레가 이쁜 촌티처럼 노랗게 웃습니다.
봄은 느린 듯 더딘 듯 그렇게 불쑥 왔다 울컥 가겠지요.
깊은 그리움 자리 만들어 놓고서……

2015. 4 향교골에서

1장 봄날 첫 번째 이야기

2장 봄날 두 번째 이야기

3장 한여름 단상

4장 만추의 길목에 서면

5장 겨울나무 이야기

흉내낸 꿈 이야기 詩詩한 詩

1장

봄날 첫 번째 이야기

꿈이 없이 그냥 내달리면 흥도 나질 않고 쉬이 지친다. 그러나 믿는 마음으로 꿈을 품고 달리면 시련도 고난도 다 약이 되고 감사할 줄 알게 된다. 꿈은 이동하고 움직여야 다가갈 수 있다. 그러다 보면 쑤욱 성장한 빛나는 자신과 만날 수 있다.

새 눈

'님이 오시나 보다. 봄비 내리는 소리. 님 발자국 소리. 봄비 그치는 소리…' 예전에 귀 익었던 노랫말의 한 소절이다. 벌써 3월이 중순을 넘어섰다. 이제 정말 봄이다. 얼마 전까지만 해도 꽃샘추위가 찾아와 몸을 움츠리게 했다. 언제나 그렇게 몸살을 앓아야만 봄을 맞이할 수가 있다. 봄은 역시 시샘을 받을 만큼 충분히 아름답고 위대하다.

지난주 해갈의 봄비가 다녀간 후로는 확연하게 달라졌다. 우리집 쪽 마당에 살고 있는 산수유 노오란 꽃망울은 이미 터지기 시작했다. 궁남지에 한껏 늘어진 수양버들 가지마다 연두 빛 물이 차오르고, 죽은 듯 서 있던 나무들이 새 눈을 뜨고 있다. 더 있으면 팝콘 터지듯 여기저기서 화사한 봄꽃들이 피어나겠지. 바야흐로 만물이 소생하는 활력의 계절이다.

3월은 자연의 변화만이 아니라 마음속에 머물렀던 겨울도 물러가게 한다. 봄 하면 더불어 시작이란 단어가 자연스레 떠오른다. 봄이 되어 산과 들에 새눈들이 피어나기 시작하는 것과 모든 것이 새로 시작한다는 의미가 서로 다르지 않을 것이다. 모든 계획이 새로워지고 기대감이 곳곳에 넘쳐난다. 학교의 3월은 유독 그렇다. 빳빳한 새 교복을 입은 신입생의 꿈들이 시작되는 것이다. 직장마다 새내기들로 싱그럽게 봄이 와글거린다. 이렇듯이 3월은 무엇인가 새로 시작하는 느낌의 달임이 틀림없다.

봄이 시작된다는 삼짇날이면 조선시대의 아낙들도 친족들 혹은 이웃들이 삼삼오오 모여 야외로 나가 꽃놀이를 즐겼다고 한다. 화전(花煎)을 해먹으면서 노래를 부르거나 시를 읊었다하니 이들에게 화전놀이는 봄의 시작과 한해의 시작을 즐기는 것이었다고 볼 수 있다. 신비로운 새순이 올라오고 새 생명이 약동하는 이 때 우리는 지금 무엇으로 봄을 시작하고 있는 걸까.

다람쥐 쳇바퀴 돌리듯 하는 일도 새로운 눈으로 임한다면 그것이 곧 봄의 시작이 아닐까 생각해 본다. 진정한 새로움은 언제나 내 안에서 시작된다. 내 밖에서 뜻밖의 일들이 시작되어도 내 안에서 그 일을 새로운 시각과 관점으로 바라볼 수 없다면 전혀 의미가 없다. 새로운 것은 내 밖의 다른 환경과 여건이 아니라 내 안의 다른 기대와 희망에서 시작되기 때문이다. 새로움은 바로 내 안의 나로부터 시작되는 것이어서, 날마다 나를 들여다보는 일이야말로 새로움의 원천이다. 모든 것이 부활하는 이 봄에 시간을 탓하고 나이를 탓하지 말고, 미지의 세상을 향해 멈추지 않고 자라나는 새눈처럼 살아볼 일이다.

2014. 3

봄

봄이 온다
사람은 가고 없는데
연두 빛 날개 달고
너울너울 봄이 온다.

사람이 없는 봄
텅 빈 가슴으로
지친 그리움 아지랑이로 피어오른다.

시들지 않는 분홍빛 언어로
연두빛 고운 바람으로 달려가
그대 가슴에 꽂히고 싶다.

봄봄봄

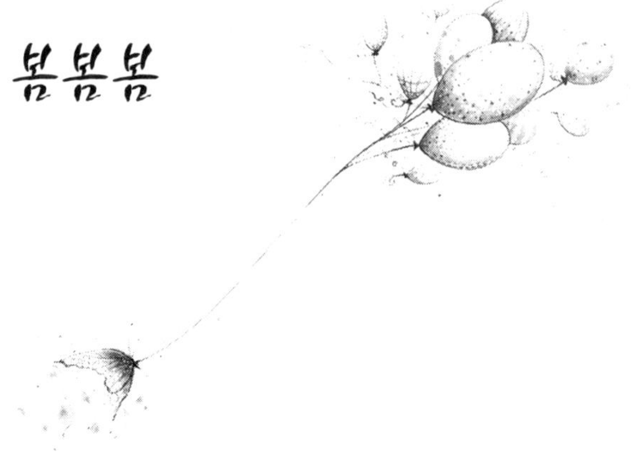

우수 경칩 지나 다시 봄 봄 봄, 봄이 왔다. 일 년 중 낮과 밤의 길이가 같다는 춘분이 멀지 않았는데 꽃샘추위가 만만칠 않다. 그래도 무슨 일이 있어도 봄은 기어이 오게 돼 있다는 사실에 위안을 받는다. 우리 지역의 봄은 언제나 한 걸음 다가왔다 두 걸음 물러나는 듯 안타까이 더디 온다. 남녘 양지바른 꽃들이 질 때 즈음에야 비로소 피어난다. 손바닥만 한 우리 집 마당에 수호신처럼 서 있는 산수유도 꽃망울을 샐쭉이 내밀었다. 멀지 않은 날 노란 미소 만발하고 아지랑이 와르르 쏟아지겠지.

학교도 지금 봄이다. 봄이 우리에게 가르쳐 주는 것이 많다. 시작, 새로움, 부지런함, 꿈 지니기 등. 무엇보다 새 학년을 시작한 아이들이 꿈과 믿음을 지녔으면 좋겠다. 꿈과 믿음이 미래를 결정한다. 꿈은 좌표다. 생명을 생명답게 키우는 것이다. 꿈이 없이 그냥 내달리면 흥도 나질 않고 쉬이 지친다. 그러나 믿는 마음으로 꿈을 품고 달리면 시련도 고난도 다 약이 되고 감사할 줄 알게 된다. 꿈은 이동하고 움직여야 다가갈 수 있다. 그러다 보면 쑤욱 성장한 빛나는 자신과 만날 수 있다.

학교에도 꽃샘추위가 있다. 3월은 새로운 사람들로 구성된 학교 조직이 안착되기 위해 흔들림이 있는 시기다. 학교교육의 전략과 전술을 기획하고 창조하는 경영자와 교육 현장의 대들보인 교사가 한마음 한 뜻으로 그 꽃샘추위를 슬기롭게 넘어서야 한다. 그래야 흔들리지 않는 교육을 할 수 있다. 제 나름의 씨알을 키우고 있는 아이들을 너그러운 맘으로 지켜 볼 수 있다. 꿈의 씨앗 드림터가 돼줄 수 있다. 책상에 앉아 얕은 부분만 보는 게 아니라 더 멀리 보고, 깊고 높게 볼 수 있도록 도와줄 수 있다. 요즘 학교가 어렵다고들 하지만 우리 모두의 열정이 있는 한 희망은 있다.

봄이란 또한 바라봄이다. 바라봄을 바꾸면 삶이 바뀐다. 관점을 넓히는 것은 곧 바라봄을 확장하는 일이다. 진부한 얘기지만, 컵에 담긴 물을 바라보는 것도 사람에 따라 다를 수 있다. '물이 절반

밖에 없네', '아직 절반이나 남아 있네'로 갈린다. 바라봄의 차이는 사람을 행복하게도 불행하게도 한다. 같은 것을 바라봄에도 희망으로 이끌기도 하고, 극한의 절망으로 몰아붙이기도 한다. 변화는 바라봄의 변화에서부터 시작된다. 고정관념과 나만의 관점, 나만의 틀을 깨고 새로운 것을 받아들여야 한다. 봄의 새싹처럼 어제의 내가 아닌 오늘의 새로운 나로 거듭나야 한다. 그래야 문화를 새롭게 이끌고 본질을 되살려 나갈 수 있다.

바야흐로 봄이 왔다. 어느 시인은 '봄은 봄이라고 발음하는 사람의 가장 낮은 목소리로 온다'고 했다. 가장 낮은 목소리로 봄 봄 봄이라고 불러 본다. 만물이 신입생처럼 명찰 하나씩 가슴에 달고는 사뿐사뿐 내게로 걸어 들어온다. 생명을 불어넣어 움직이게 하는 힘을 지닌 봄이 되면 왠지 손대는 일마다 잘 풀릴 것만 같은 낙관주의가 번진다. 하늘은 하늘대로, 바람은 바람대로, 햇살은 햇살대로 내 몸 속으로 들어와 가진 거 없어도 마음은 부자고 의욕은 뻗친다. 새로운 질서를 만드는 힘을 가진 봄 봄 봄. 우리 스스로 따사로운 봄바람이 되자. 그리고 가끔은 다른 이들의 삶을 적시는 은혜로운 봄비 되어 꽃들이 만발하도록 함께 힘써 보자.

2015. 3

나무처럼 살고 싶다

혼자 있어도
햇살 노을이 찾아와 빛내 주고
별빛 달빛이 함께 밤을 새워 주는
나무처럼 살고 싶다.

새들이 품속을 드나들며 집을 짓고
보고 싶은 파란 하늘 올려다보면서
바람이 지나간 자리마다 영혼이 모이는
나무처럼 살고 싶다.

다정한 나무들과 맘을 나누며
가끔은 와락 안아 주고 싶은
나무처럼 살고 싶다.

봄날

컴퓨터 모니터만 뚫어지게 바라보다 커피 한잔 올려놓는다. 날아드는 커피 향 속으로 하나 둘 생각이 쌓인다. 잠시 멍하니 있다. 엉덩이 들어 두어 발짝 옮겨 놓으니 창밖은 딴 세상이다. 순간 속의 무궁을 꿈꿔 본다. 눈부신 햇살이 버블버블 거품처럼 버글거린다. 창 밑으로 눈을 내리니 어느새 피워 올린 노란 수선화, 분홍 빛 꽃 잔디 웃음이 환하다. 봄 햇살 널린 하늘 아래 비로소 제 모습을 드러내는 것들이 참 많다. 그저 바쁘다는 핑계로 관심 주지 못하고 지나쳤을 뿐이다.

손바닥만한 우리 집 마당에도 아주 작고 연약한 식물들이 숨어서 살고 있다. 지난 주일에 큰 맘 먹고 쭈그리고 앉으니 그동안 보이지 않던 것들이 눈으로 들어왔다. 바스러진 잔디 사이로 보랏빛 제비꽃, 노란 민들레, 향 좋은 냉이가 방실방실거린다. 어두운 눈에는 잘 보이지 않을 정도로 왜소한 꽃들이 기다렸다는 듯이 와르르 달려든다. 자세히 보니 그 생김새와 빛깔이 아주 신비로울 정도로 절묘하기 그지없다. 한참 동안을 그들 재롱에 빠져 있노라니 나태주 시인의 〈풀꽃〉 이 떠올랐다.'자세히 보아야 예쁘다. 오래 보아야 사랑스럽다. 너도 그렇다.'

사람 사는 것도 별반 다르지 않은 것 같다. 조금만 시간을 두고 자세히 봐주면 우리 모두 예쁘고 사랑스러운 사람들이다. 요즘 학교에서 정말로 어려움을 겪고 있는 아이들 생활지도도 그렇다. 평소 눈에 띄지 않는 아이들. 그늘지고 풀이 죽어 있는 아이들을 눈여겨 보면, 보이지 않던 아픈 데가 보이기 시작하고 한없이 안쓰러워진다. 오래오래 지켜보면 자연스레 따뜻해지고 사랑스러워진다. 그러다보면 버겁고 어렵게만 느껴지던 문제들이 어느 순간 술술 풀어지게 된다.

촉촉이 내린 봄비 그치고 하늬바람 볼을 간지럽힌다. 이제는 거침없이 봄이 쏟아져 내린다. 청사(廳舍) 앞마당 하얀 목련은 이미 환한 꽃등 켜고 눈 빠지게 그리운 님을 기다리고 있다. 봄꽃들도 언덕을 넘어 빠르게 올라오고 있다. 개나리, 진달래는 꽃망울을 터뜨렸고, 머잖아 복숭아꽃 살구꽃, 라일락, 사향장미들이 연달아 피어나 천지사방이 꽃밭이 될 것이다. 너도 거리도 없이 내 마음에 와 닿아 아직 터지지 않은 꽃망울 하나 무량하게 피워 올렸다. 설레는 내 마음은 아랫목 고구마 싹처럼 웃자라 있다.

살아 있다는 것 그 자체만으로도 너무 감사하고 행복한 봄날이다. 이런 봄을 오십 번 이상 누려온 것은 적은 축복이 아닐 것이다. 더구나 오십이 넘은 사람에게도 봄은 똑같이 와준다는 것이 참으로 다행스럽고 행복한 일이다. 호수는 물론 산천에 봄빛이 가득하다. 흐르고 머무니 사람이라 생각한다. 내 영혼도 그렇다. 흐르면서 머물고 머물면서 흐르니 내 삶은 아직도 분별없이 현재 진행형이다. 그래서 이 봄날이 날마다 고통스럽고 날마다 황홀하다.

2014. 3

그리움

선운사 다다르니
눈앞에 삼삼한 달 뜬 마음
붉은 동백꽃에 베이고
말을 담고도 침묵하는 책장처럼
무정한 낙화
길들여진 통증위로
돋아나는 나무 한 그루

눈빛

그거 아세요. '사람의 눈빛 속에는 그 사람의 뇌에 있는 정보가 모두 들어있다.'는 사실을. 흔히 '눈빛만 봐도 안다'는 말을 한다. 그 말은 그냥 하는 얘기가 아니고, 그 사람의 생각, 마음상태, 품은 뜻이 눈을 통해 밖으로 드러난다는 의미다. 눈빛 안에는 그렇게 다양한 감정들이 숨어 있다. 남녀가 연애를 할 때도 진정성을 보려거든 눈빛을 살피라고 한다. 남녀 심리의 절정은 바로 눈빛에 있기 때문이다. 사람의 눈빛은 상황에 따라서 변하곤 한다. 때론 선량하게 보이기도 하고, 어떤 때엔 아주 지독하게 보이기도 한다. 눈빛은 사람의 인상을 대신하기도 한다.

사람마다의 눈빛이 주는 느낌은 다 다르다. 별빛처럼 초롱초롱

빛나는 사람이 있는가하면, 흐릿한 눈빛도 있다. 눈물 한 방울이 그렁그렁 매달려 있는 슬픈 눈이 있고, 희망에 찬 눈빛, 증오에 찬 눈빛, 또는 더 이상 갈 곳이 없는 사람의 막막한 눈빛, 아무도 눈 맞춰 주지 않는 허공을 서성대고 있는 애잔한 눈빛, 탐욕이 이글거리는 눈빛도 있다. 우리는 지금 어떤 눈빛으로 살아가고 있는 걸까. 이 나이쯤에서 지니고 싶은 눈빛을 욕심내보라 하면 단연코 부드럽고 따뜻한 눈빛일 것이다. 각박하고 힘든 세상살이에 지친 몸과 마음을 부드럽고 따사로운 눈빛으로 위무해 줄 수 있는 그런 눈빛이라면 더 바랄 것이 없겠다.

살면서 때론 넘어지기도 하고 실패도 하면서 삶이 슬픈 무늬로 아롱질 때가 있다. 마음이 깔깔할 때면 못난 마음이 무너져 내리기도 한다. 그런 마음을 다시 곧추 세울 수 있게 해주는 것은 믿고 있는 사람들의 흔들리지 않는 눈빛이다. 한 존재를 향한 흔들리지 않는 눈빛은 안정감을 주고 살아갈 용기를 주는 든든한 기둥이 돼 준다. 그런 눈빛을 경험해 본 사람은 마음이 편안해지고, 여유가 있고, 그 안정감을 바탕으로 다시 일어서고 도전할 용기를 얻을 수 있다. 사랑하는 사람의 그윽한 눈빛 한 사발이면 하루 종일 배부른 날도 있다. 다정다감한 눈길과 잔잔한 웃음이 삶을 이유 없이 든든하게 해준다.

우수 경칩 지나면서부터 창가에 비스듬히 걸린 햇살의 두께가 한층 달라졌다. 도타워지고 보송보송해졌다. 4년 만에 새로운 곳에 부임을 했다. 익숙하지 않고 모든 것이 어설프다. 하지만 익숙한 방법으로 익숙한 해석을 하는 데에서 벗어나 처음 시작할 때의 설렘과 거기서 나오는 힘이 어떤 것인지 느낄 수 있는 시간이다. 낯선 곳에서 함께하는 사람, 만나는 사람에게 이왕이면 부드럽고 따뜻한 눈빛을 나누려 애를 쓴다. 진정을 다한 애정 어린 눈빛을 심고 기다리다 보면 기적은 그 안에 슬그머니 자리하게 될 것이라 믿는다. 저 멀리 하늘 빛 곱게 내려와 눈가에 머물고 터질 듯한 연두 빛 바람 앞에 봄은 어느새 화사하게 미소 짓는다. 우리들은 모두 무엇이 되고 싶다. 너는 나에게 나는 너에게 잊혀지지 않는 하나의 눈짓이 되고 싶은 거다.

2014. 3

가고 싶은 곳 하나 품고 있다면

문턱에 바다라도 있어 좋다
성가시게
눈부시게
봄은 와서
바닷물로 출렁인다.

여기
거기
가슴으로 가슴으로
밀물져 흐른다.

가고 싶은 곳
하나 품고 있다면
흘러 흘러
그 곳에 닿고 싶다.

꽃 진자리

서둘러 떠날 채비를 하는 사월의 마지막 주. 연이틀 주룩주룩 비가 내렸다. 비 오는 날. 수천 갈래의 가슴이 땅을 쳤다. 어이없는 희생에 천지가 뼈아픈 사월이었다. 잠 못 드는 유족들의 뜬 눈이 집집마다 등불로 매달려 있다. 남겨진 가슴들은 그대로 푸른 멍이다. 진다는 것은 참 슬픈 일이다. 제대로 피지도 못하고 져 버린 꽃들이야 말해 무엇 하리. 향마저 증발한 늦은 봄날. 더는 견디지 못하고 남은 꽃들이 지고 있다. 꽃잎 떨어진 자리에 꽃보다 더 고운 초록이 산하에 가득하다.

한없이 펼쳐진 초록 물결을 대할 때마다 저 끝에는 무엇이 있을까 상상을 하곤 한다. 꽃 진자리 서러움이 고인 자리 그 아픔의 딱지 밑으로 남은 꿈들이 여물어 갈 것이다. 흐르는 바람에 팔랑거리는 잎새들이 꽃처럼 예쁘다. 그래서 오히려 가슴이 아려온다. 이제는 꽃 진 상처마다에 파란 새살 돋우어 세상을 팽팽하게 잡아 오늘의 이 슬픈 봄날을 기억해야만 할 것이다.

이 땅의 어른이라는 이름으로 엄마로 교육자로서 살아있다는 것이 그저 '미안하다'는 말 밖에는 할 수가 없다. '손등에 뜨거운 눈물을 뚝뚝 떨어뜨리고 멍하니 허공을 바라보며 혼자 울고 싶을 때가 있다. 나이 값을 해야 하는데 이젠 제법 노숙해질 때도 됐는데 나는 아직도 더운 눈물이 남아 있어 혼자 울고 싶을 때가 있다'던 어느 시인의 간절한 싯귀가 맴도는 날들이다.

꽃잎 지고 천지에 새로운 녹음이 돋아나 온 누리를 싱그럽게 에워싸는 계절이 다시 찾아 왔다. 햇살과 바람과 풀잎과 함께 싱싱한 미래를 꿈꾸는 오월. 넘치지도 인색하지도 않게 펼쳐지는 오월의 신록은 우리의 마음을 순화시키고 섬세하게 다듬는 힘이 있다. 그러니 오월에는 더 이상 외롭지 말자. 슬픔도, 쓰린 가슴도 오월의 햇살 속에 풍성한 숲 속으로 다 풀어내주자. 그래야 그들이 전해주는 은밀한 위로와 평화 속에 우리 다시 삶을 영위할 수 있지 않겠는가.

2014. 5

무제

화르르 화르르
벚꽃 함박눈이 가득합니다.
짧은 봄날이
무단횡단으로 지나가고 있습니다.

울컥합니다.

오늘은
봄바람으로 살랑거리며
거기 닫힌 창으로
날아가고 싶습니다.

버큰헤이드호 전통

혼절하게 흩날리던 꽃비는 그치고 잔인한 사월이 무심하게 흘러간다. 바람이 시간이 남기고 간 자리마다 슬픔과 부러진 생각들이 절뚝거린다. 햇살도 하얗게 내려와 말이 없다. 세월호 여객선 침몰. 있을 수 없는 대형 참사. 어처구니없는 조치. 수많은 '그랬더라면'이 가슴을 친다. 뉴스를 보는 이도 이렇게 가슴이 아픈데 가족들은 오죽할까. 그나저나 다 키운 아이들 어쩐다지요?

이번 세월호 사고에 어른들은 70%가량 구조됐지만 단원고 학생들은 23%만 구조됐다. '여자와 어린이 먼저'라는 '버큰헤이드호의 전통'은 그 어디에서도 찾아볼 수 없었다. 그러한 전통과는 180도 다른 '룰'이 적용된 셈이다. 침몰 사고 후 선장과 선원이 가장 먼저 탈출한 것으로 알려져 비난이 높아지고 있는 가운데, 162년 전 버큰헤이드호의 전통은 우리에게 많은 것을 생각하게 해준다.

1852년 영국 해군의 수송선 버큰헤이드호가 남아프리카로 가던 중 케이프타운 66km 전방에서 암초에 부딪쳐 침몰하게 된다. 승객들은 630명이었으나 구명보트는 60명을 태울 수 있는 단 세 척뿐. 180명밖에 구조될 수 없는 상황이었다. 사령관 시드니 세튼 대령은 주로 신병들인 모든 병사들을 갑판 위에 모이게 한 뒤 부동자세로 서있게 했다. 이어 여자와 아이들을 3척의 구명보트에 태우게 했다. 여자와 어린이를 태운 3척의 구명보트는 침몰하고 있던 버큰헤이드호를 떠났다. 군인들은 세튼 대령의 명령에 따라 끝까지 움직이지 않고 서 있었다. 사령관 세튼 대령을 포함한 436명이 그대로 수장됐다. 이후로 '여자와 어린이 먼저'라는 전통이 세워졌고, 배의 이름을 따서 '버큰헤이드 호 전통'이라 불리고 있다.

이후 배가 항해 도중 재난을 당하거나 비행기가 불시착을 할 경우 "버큰헤이드 호를 기억하라"는 전통은 세계 어느 나라에서든 탈출과 구조의 불문율이 됐다고 한다. 이 전통은 승객 1,515명을 태운 영국 수송선 엠파이어 윈드러시호가 알제리아 해안 77km 해역을 지나다 보일러가 폭발하는 사고가 발생했을 때도 예외 없이 지켜졌다. 1912년 4월 그 유명한 타이타닉호의 침몰 사고에서도 그 전통을 지켰다. 세월호 역시 버큰헤이드호의 전통을 기억했더라면, 좀 더 체계적인 훈련과 교육이 있었더라면, 어땠을까 하는 부질없는 아쉬움을 가져본다.

참으로 안타깝고 안개 속처럼 답답하기 그지없는 날들이다. 기다리는 소식은 오지 않는데, 시간은 어김없이 약속을 잘도 지킨다. 다양한 체험학습은 교육적으로 반드시 필요하다는 생각 아래 각종 현장체험학습은 물론, 해외체험까지 거침없이 불사했던 4년 동안의 지난날들이 차라리 아찔하다. 학교경영을 하면서 모든 교육 활동이 무사했던 점. 그것은 참으로 행운이었고 감사한 일이었다는 걸 새삼 느끼게 된다. 최근의 마우나리조트 사고, 이번 진도 사고 모두가 지켜야 할 것들을 소홀히 하고 과정을 생략하는 사회 전반에 깔려있는 습관처럼 굳어진 관행에서 비롯된 것이다. 사후 약방문 식으로 책임 소재를 따지고 안전 불감증을 운운하며 급조된 전시행정으로 그쳐서는 절대 안 될 일이다. 원칙과 기본에 충실한 보다 근본적인 대책이 절실한 시점이다.

2014. 4

봄이 지는 소리

무심하게 봄비 내리십니다.
꽃잎 숨 거두는 소리
봄비 같은 눈물이 흐릅니다.

때가 되어 꽃 피는 힘
때가 되어 꽃 지는 소리
어찌 말릴 수 있을까요.

봄은 아직
내 몸속을 빠져 나가지 못했는데
꽃들이 지고 있습니다.

벚꽃 살구꽃
봄이 지는 소리
그건 차라리 아픔입니다.

목련차

3년 전 이 맘 때였던 것 같다. 대전에서 고등학교 교사를 하는 남동생이 친정집 담벼락에 기대어 피우기 시작한 목련 꽃봉오리 몇 개를 따 주었다. 냉동실에 넣어두었다가 차로 마셔보라 권했다. 5월이면 여린 뽕잎이나 감잎을 따서 차 만드는 것을 연례행사로 치르고 있다. 그런데 목련꽃으로 차를 만든다는 것은 몰랐었다. 허긴 국화차처럼 개나리꽃도 말려 두었다가 차로 마신다니 뭐 그리 놀라울 일도 아니다. 남동생은 봄이면 교정에 피는 목련꽃 봉오리를 따서 선생님들과 차로 만들어 마신단다. "향이 얼마나 그윽한지. 봄이 다 지고 잊혀져갈 즈음 하얀 목련의 꿈을 다시 불러들일 수 있는 너무 좋은 차"라며 낭만적인 자랑을 했다.

그 후 여기저기 찾아보니 목련차를 만드는 다른 방법들도 있었다. 꽃잎을 일일이 물에 씻어 설탕에 재어 두거나, 꽃잎을 말려두었다가 뜨거운 찻물로 꽃잎과 향을 살려 내는 것이다. 그래도 남동생이 전수해준 방법이 제일로 간단하다. 꽃이 피기 시작할 즈음 꽃봉오리를 따서 하얀 실로 느슨하게 싸매서 냉동실에 넣어두기만 하면 된다. 그리고는 봄을 다시 만나고 싶을 때마다 하나씩 꺼내어 차로 만들어 마시면 된다. 구지 유의할 점이 있다면 만개한 꽃보다는 막 피어나기 시작하는 꽃송이를 선택하면 더 좋다는 것이다. 그것은 생화가 풀어내는 향이 더 그윽하고 진한 이유에서이다. 목련차는 특히 알레르기성 비염에 좋다고 한다. 한방에서는 목련꽃을 신이(辛夷)라 하여 비염, 축농증의 치료 약재로 처방한단다. 꽃차는 어느 것이든 오감을 감동시켜 주지만 특별히 목련차는 아쉽게 스쳐가 버린 봄을 되돌릴 수 있어 그 어떤 차보다 느낌이 다르고 참으로 매력적이다.

작년 여름, 수은주가 하늘 높은 줄 모르고 올라가던 어느 날. 냉동실에서 깊고 푸른 잠에 빠져 있던 목련꽃 한 송이를 꺼냈다. 넓적한 유리그릇에 따뜻한 물을 조금 식혀서 붓고 하얀 실을 조심스레 풀어 낸 다음 꽃봉오리를 넣었다. 거기다가 얼음까지 동동 띄우니 하얀 꽃잎이 천천히 벌어지며 환하고 진한 향을 피워 올렸다.

아주 오래전 영평사 주지스님이 커다란 함지박에 하얗게 피워 올려 내어주던 백련차를 마시던 그 느낌이 그대로 전해져 오는 듯 했다. 매년 목련 꽃봉오리를 냉동실에 고이 모셔두는 이유이기도 하다. 올해는 그 적절한 시기를 놓쳐 버렸다. 지난 일요일 이미 만개해 버린 목련 꽃 몇 개를 따서 꽃잎을 한데 끌어 모아 하얀 실로 감아 꽃봉오리인 냥 냉동실에 고이 모셔 두었다.

갑자기 찾아든 이상기온으로 봄이라기보다는 초여름을 느끼게 하는 날들이 계속되고 있다. 덕분으로 때와 장소의 차별을 지우고 지금 사방이 꽃 천지다. 겨우 내내 내밀히 품어왔던 하얀 꿈을 맘껏 펼쳐 보지도 못한 채 목련이 지고 있다. 어떤 시인은 '목련이 일찍 피는 까닭은 세상을 몰랐기 때문이고, 목련이 쉬 지는 까닭은 절망했기 때문이요. 다음 봄에 다시 피는 까닭은 혹시나 하는 소망 때문이다.'라고 했다. 하늘이 꽉 차게 순백으로 물들였던 꽃잎들이 갈빛으로 변색되어 떨어지는 것을 보면, 삶을 채 살아보기도 전에 허무하게 끝나 버릴지 모를 인생을 읽는 것 같아 서러워 눈물이 난다.

젊어서 "나는 아름다움을 유지할 수 있을 때까지만 살래. 더 늙어지면 추할 거 같아서"란 소리를 하곤 했다. 아름다운 꽃의 생명주기를 닮고 싶은 열망이고, 귀엽기 짝이 없는 언사이다. 하지만 그 바람과는 상관없이 늙어가고 있다. '그대 떠난 봄처럼 다시 목련은 피어나고 아픈 가슴 빈자리엔 하얀 목련이 진다' 노랫말이 생각나는 오늘, 이 투명한 날씨는 누구에게 드리는 사랑인가, 누구에게 목매단 그리움인가.

2014. 4

오늘 같은 날은

오늘 같은 날은
더더욱
하늘처럼 맑아 보이는
사람이 그립습니다.

그 사람에게서
하늘을
맘껏
느끼고 싶습니다.

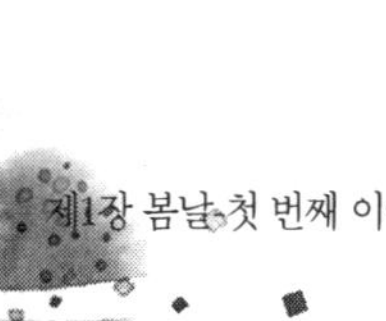

억만제(億萬齊)

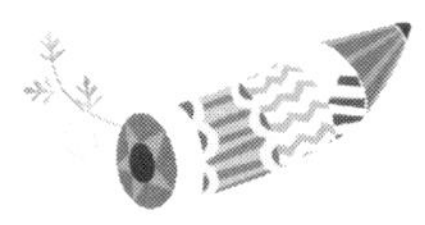

학교에서 교육청으로 일터가 바뀐 지 어느덧 두 달이 다 되어간다. 익숙하지 않은 곳에서 적응해나가는 탓도 있었겠지만, 그걸 빌미로 한동안 책을 손에 쥐질 않았다. 지난 주말, 우연하게 〈조선 명문가 독서교육법〉이라는 책을 붙잡았다. 조선의 명문가에서 행해진 독서 방법과 독서교육을 담고 있는 책이다. 조선시대의 독서 지존이라 할 수 있는 55명의 독서법과 그들의 숨은 이야기를 흥미롭게 만날 수 있었다. 그중 두 번째 장 '정독인가, 다독인가'에서 만난 '1억 1만 3천 번을 읽어 내려가다'의 주인공인 김득신이 유독 눈길을 붙잡았다.

평소 책을 제법 읽는다고 자부해 왔던 터이다. 그런데 같은 책을 두 번 이상 읽은 기억은 별로 없다. 내게 특별한 것이 있다면 책을 읽을 때 밑줄을 긋는 습성이 있다. 그래서 가족들은 나를 밑줄 긋는 여자라고 부르곤 한다. 다 읽고 나면 밑줄 그어진 내용들을 마음에 새기듯 노트에 꾹꾹 눌러 적는다. 그렇게 하고 나면 책을 두 번 읽은 것 같아 뿌듯하다. 때때로 노트를 열어 그들과 다시 만나는 기쁨을 누리기도 한다. 이것이 내 독서 풍경이다.

독서광을 이야기할 때 흔히 나폴레옹을 든다. 그는 전쟁의 영웅이면서 한시도 손에서 책을 놓지 않은 것으로 유명하다. 전쟁 중에도 책을 수레에 싣고 다니면서 휴식을 취할 때마다 책을 읽었다고 한다. 우리 역사 속에도 나폴레옹 빰치는 독서광이 바로 조선시대 김득신이다. 그는 진주성을 지키다가 전사한 김시민 장군의 손자로 많은 책을 읽었다기보다 한 권의 책을 수만 번씩 읽은 것으로 더 유명하다. 그는 사마천의 사기 중 '백이전'을 특별히 좋아해 1억 1만 3천 번을 읽었다고 한다. 그 당시에는 10만을 1억으로 계산하였다고 하니 지금으로 따져 봐도 11만 3천 번을 읽은 셈이다. 또 한유의 〈사설〉은 13,000번, 〈악어문〉은 14,000번, 〈노자전〉은 20,000번, 〈능허대기〉는 25,000번을 읽었다고 하니 그의 독서법에 그저 놀랍기만 하다. '억만제'는 김득신이 한 책을 선택해서 만 번을 넘지 않으면 글 읽기를 멈추지 않았다는 데서 그의 집(서재)

에 붙여진 이름이다. '억만제'를 생각하다 보니, 공자(孔子)가 「주역(周易)」을 즐겨 읽어 책의 가죽 끈이 세 번이나 끊어졌다는 위편삼절(韋編三絶) 고사성어까지 더불어 살아 나온다.

독서는 저자와의 대화를 통해 자신의 삶을 성찰하며 지혜를 쌓는 사색의 과정이다. 그러니 그 방법이야 각자의 취향일 수 있을 테고, 읽는 목적에 따라 달리하면 될 것이다. 어떤 시인은 '책을 읽는 건 외로운 영혼이 물방울처럼 떨어지는 나무의 잠을 털면서 다른 생으로 이주해가는 누군가의 울음소리에 눈을 맞추는 일이다. 나와 당신 사이를 불어오는 바람에 생의 한 페이지를 넘기는 일'이라 표현하기도 했다.

아름답지 않은 것이 없는 사월이다. 작은 풀잎 하나 작은 꽃잎 하나 모두가 경이롭기 그지없다. 푸지게 화사하던 벚꽃이 이제는 눈처럼 마구 휘날리며 봄 풍경의 극치를 달리고 있다. 조선시대 독서왕 김득신처럼 한권의 책을 만 번 이상 읽을 수야 없겠지만, 이 봄날이 다 가기 전에 우리 모두 마음 끌리는 책 한권 읽어보는 것은 어떨까.

2014. 4

무제

슬픔이라는 조그만 추를
발목에 달고
가라앉는 것 같은 이 느낌

햇빛과 바람은
아무 일 없었다는 듯
숨바꼭질한다.

잔인한 사월의 끝자락에서
봄날은 이렇게 부서져 내리는데
그에게
그녀이고 싶은 건…

2장

봄날 두 번째 이야기

모닝커피가 달달하게 온 몸으로 스며든다. 굳은 것들이 자근자근 풀리고 햇살에 반짝이며 너울너울 피어나는 잎새들의 출렁임이 차오른다. 심장을 빠져나온 두근거림이 자맥질 하는 날은 수심 깊이 숨어 있던 그리움들이 하나 둘 부활한다.

그 돌은 바로 놓았느냐

스승의 날이 다가올 때면 생각나는 예화가 있다. '어느 어머님의 가르침'의 이야기가 그것이다. 어느 시골의 총각 선생님이 출근길에 시냇물을 건너고 있었다. 그런데 징검다리를 잘못 밟아 신발과 바지가 물에 흠뻑 젖어버리고 말았다. 때마침 고향에서 오신 어머니께서 집에 머물고 계셨다. 그가 어머니에게 되돌아 온 이유를 말씀드리자 어머니가 물으셨다. "네가 밟았던 잘못 놓인 돌은 바로 놓았느냐?" "미처 그 생각은 하지 못했습니다." "그런 식으로 해서 어떻게 아이들을 가르치며 존경 받는 선생이 되겠다고 그러느냐?" 어머니는 손을 흔들며 덧붙여 말하기를. "얼른 가서 돌을 바로 놓고 오너라. 그리고 옷을 갈아입도록 해라." 어머니의 말씀이 조금 야속하게 들리기는 했지만 백번 생각해도 옳은 말씀이었다. 그는 얼른 가서 잘못 놓인 돌을 바로 놓고 돌아 왔다. 이후 그는 무슨 일을 하든지 어머님의 사려 깊은 사랑의 말씀을 따라 늘 돌을 바로 놓는 마음으로 임했다고 한다. 그 후 그는 모든 사람들이 존경하는 훌륭한 교장선생님이 될 수 있었다.

설사 그가 교장이 되지 않았더라도 아마 존경받는 훌륭한 선생님으로 남아 계실 것이라는 확신이 든다. 이 예화를 떠올릴 때마다 '나는 정말 스승인가' 하는 물음과 지금의 내 위치에서 해야 할 일이, 지켜야 할 일들이 무엇인지를 고뇌하게 한다. 요즘 '스승은 학교 밖까지 책임지고, 선생님은 학교 안까지를 책임지지만, 교사는 자기 교실만 책임지고, 강사는 과목만 책임지면 된다.'는 웃지못할 이야기가 있다. 우리는 지금 스승과 강사 사이 그 어디쯤에 서 있는 것일까? 답변이 혼란스러운 시대다. 그것은 교사나 학생 모두가 변한 시대를 살고 있기 때문일 것이다. 이래저래 스승으로 살아가기에는 힘든 세상이 돼버렸다. 그래서인지 교단생활이나 교육자의 길이 빈 집처럼 공허해질 때가 많다. 교육을 부르짖고 있으되 삶을 소모하고 있다는 허무가 밀려올 때, 그럴 때 우리는 무엇으로 그 헛헛함을 견뎌내야만 하는 걸까.

분명한 것은 사람이 있는 곳에 언제나 교육이 있어왔다는 것이

다. 아무리 어려운 여건이라도 아이들의 빛나는 꿈은 웃음과 눈물을 나눌 수 있는 스승의 가슴에서 이루어져 왔다. 여전히 교사는 스승이다. 학생을 가르치는 일을 업으로 삼고 있는 교사는 단순히 수업을 하는 사람이 아니라 아이들을 가르치고 이끌어주는 스승인 것이다. 성적을 못 올려주고 인생을 책임져 주지는 못해도, 살아가는데 도움이 되는 말과 응원을 해줄 수 있는 영원한 스승인 것이다.

슬픔의 줄기 같은 빗줄기 사이로 바람이 통으로 불어대던 지난 주일. 남은 꽃잎들이 하염없이 떨어져 내리는 모습을 바라보는 내 마음도 하염없이 떨어져 내렸다. 세상사 모든 것이 마냥 기다려주지 않는다는 것을 새삼 느끼며 아쉬움으로 가득 차오르던 오후였다. 아카시아 향기 너머로 영혼까지 매끈해지는 오월. 여리고 순한 잎들이 찬란한 햇살을 만나 성숙해지는 오월에는 송이송이 저며 드는 찔레꽃처럼 살 속에 묻어 둔 그리움 꽃 피우며, 징검다리 돌을 바로 놓는 마음으로 임하는 참 스승으로 넘쳐나는 교실을 학교를 꿈꿔 본다.

올해 스승의 날은 세월호 희생자에 대한 묵념으로 기념식도 취소하고 애도주간으로 차분히 진행된다고 한다. 교육에 대한 소신과 열정과 고뇌가 필요한 시점이다. 지금 자신의 위치에서 '나는 누구인가' 아는 것이 지혜이다. 입으로만 '교육의 질은 교사의 질을 능가하지 못한다'고 해서는 공허하다. 행동으로 증명해야 한다.

우리가 걷고 있는 삶이 때때로 허접하게 여겨져 슬플 때가 있다. 하지만 고난과 상실 가운데서도 그것을 빛어 멋진 꽃을 피워내는 데에 교육의 위대함이 있는 것 아닐까.

2014. 5.

오늘

날씨 흐린다더니
하늘에 시 한줄 새기기 좋은 날

반복되는 일상에
싫증나도
누군가 나로 하여 활짝 웃는 날

상처가 주는 힘

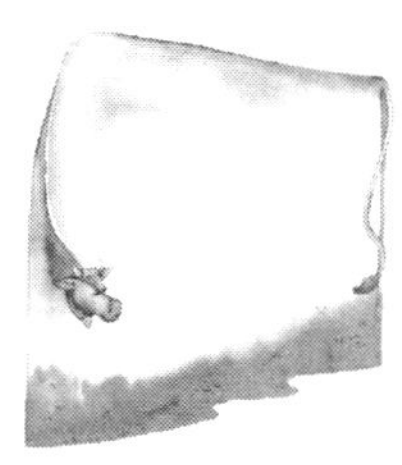

성격이 이상한 건지 곧은 나무보다 굽은 나무를 더 좋아한다. 특별히 옹이진 나무에게는 한층 애틋한 정이 간다. 그 이유는 곡선이 직선보다 더 아름답기도 하지만, 굽었다는 것은 높은 곳만 바라보지 않고 낮은 것을 살피며, 무언가의 아픔을 견디며 열심히 살았다는 증표 같아서다.

살다보면 이래저래 마음 다치는 일이 있다. 그때마다 상처 난 마음을 추스르고 다시 일어서기도 하지만, 때로는 그 상처 안에 오래 머물기도 한다. 때때로 삶의 이유이기도 한 가족에게까지 부주의하고 무의미한 말 한 마디로 깊은 생채기를 내기도 한다. 이런저런 상처의 참을 수 없는 너펄거림. 흐느끼는 마음과 흐르는 눈물을 묶는다는 것은 쉬운 일은 아니다. 하지만 원인이 뭐든 상처는 빨리 치료할수록 좋다.

크고 작은 상처를 받고 상처를 주어 괴로워했던 기억들이 있다. 나이 들수록 괴로움의 강도는 조금씩 무디어지는 것 같다. 어쩌면 아프지만 의연하게 맞서는 힘이 생겨났다는 표현이 더 맞을 성 싶다. 그래도 상처가 옹이 져 아직 고통스런 것들이 있다. 아문 듯 했는데도 수시로 도져 가슴이 후벼지는 것들. 몸에 나는 상처는 시간이 지나면 아물게 마련이지만 마음에 상처는 쉽게 아물지 않고 때로 평생을 가기도 한다. 그것은 가슴에 독(毒)을 차고 사는 일이다.

상처를 잊어버리려 노력하거나 잊어버린 듯 내버려 두는 것은 좋은 치유 방법이 아니라고 한다. 오히려 상처를 드러내 놓고 극복해야 한다. 상처의 치유는 "자존감에 달려있다"고 베르벨 바르테츠키는 말한다. '상처 받는 것은 슬픈 일이지만 상처 때문에 불행해지는 것은 아니다. 용서하지 않은 자신 때문에 괴로운 것이다. 상처를 긍정하고 잘 치유한다면 오히려 그 상처 때문에 더욱 아름다운 인생을 살 수 있다'고 한다. 에리히 케스트너는 '슬플 때는 거리낌 없이 울어라. 마음을 너무 감시하지 마라! 눈물이 흐르는 대로 슬퍼해도 죽는 일은 없다. 사람을 들었다 놓았다하는 슬픔. 아무 때나 왔다가 아무 때나 사라지는 슬픔, 그러면서 영혼은 차차 순치되는 것이다.'라고 읊었다. 고개를 끄덕이고 싶다. 삶이란 다 그런 것 아니던가.

마음이 상하는 일을 피할 수 있는 사람은 세상에 없다. 다만 상처도 희망이라는 관점의 변화가 필요하다. 상처 속에서 허덕이는 삶이 아니라 보다 긍정적인 자세로 자신을 위한 삶을 집중해야 한다. 왜냐하면 상처는 열등감이 되고 열등감은 수치심과 좌절을 부르기 때문이다. 잊거나 헤어 나오지 못하면 자신감은 물론 자존감마저 잃고 무너지기 십상이다. 그러니 상처로 인한 아픔과 콤플렉스를 세상과 맞서는 강인한 힘으로 바꾸려는 노력이 필요한 것이다. 그래야만 상처가 상처로 끝나지 않고 또 다른 모습으로 굳건히 세워 주는 힘이 될 수 있다.

모닝커피가 달달하게 온 몸으로 스며든다. 굳은 것들이 자근자근 풀리고 햇살에 반짝이며 너울너울 피어나는 잎새들의 출렁임이 차오른다. 심장을 빠져나온 두근거림이 자맥질 하는 날은 수심 깊이 숨어 있던 그리움들이 하나 둘 부활한다. 바쁜 일상을 다람쥐 체바퀴 돌리듯 벗어날 수 없는 삶이라지만 때때로 가슴이 말하는 대로 살고 싶어진다. 풀잎은 풀잎대로 바람은 바람대로 축복의 서

정시를 쓰는 녹음의 계절. 그 늠름한 푸르름에 상처받은 영혼을 치유하자. 구김살 없이 찬란하게 쏟아지는 축복의 햇빛으로 마음 속 얼룩지고 우울한 습지를 조곤조곤 말리다 보면 침출된 기억의 아픈 상처들이 삶의 또 다른 에너지로 변환되어질 것이다.

2014. 5.

봄날 오후

멀리 흰구름 안고
구르는 햇살이
눈부십니다.

은어들의
하얀 속살같은 봄이
모락모락 피어납니다.

땅 멀미 따라
어디든지 흘러가고 싶은 주말입니다.

찔레꽃

'하얀 꽃 찔레꽃 순박한 꽃 찔레꽃, 별처럼 슬픈 찔레꽃, 달처럼 서러운 찔레꽃, 찔레꽃 향기는 너무 슬퍼요. 그래서 울었지. 목 놓아 울었지…' 장사익의 '찔레꽃' 노랫말의 일부다. 그의 노래를 듣고 있노라면 어디서부터인지 아득한 슬픔이 안개처럼 올라온다. 한동안 온 산야에 찔레꽃이 야단이었다. 논두렁 밭둑 야산 언덕에 밤하늘 은하수 별들처럼 무리지어 만발해 있던 찔레꽃은 눈길을 오래 잡아 둘 정도로 화려하지는 않았지만, 그렇다고 무시하고 지나치기도 힘든 꽃이었다. 친정집 주변 언덕배기에도 한 무더기가 피어 지나칠 때마다 찔레꽃의 노란 핵 속으로 빠져들곤 했다.

배고프던 어린 시절 집주위에 피어난 찔레의 여린 햇순은 훌륭한 간식거리 중의 하나였다. 여린 가시를 제치고 햇순을 따서 씹으면 사근사근하면서도 그렇게 달짝지근할 수가 없었다. 그 때 그 맛이 입안으로 생생하게 달려온다. 찔레꽃을 보고 있노라면 순백색에 감히 넘볼 수 없는 고귀함이 깃들어 있다는 생각이 든다. 거기다가 언젠가 읽었던 찔레꽃의 습성은 물론, 전설까지도 넝쿨째 딸려 온다. 찔레는 아무리 베어내도 뿌리만 붙어 있으면 끈질기게 되살아난다. 우리민족의 명운이 위험스러웠던 고려시대 몽고 침입과 찔레꽃 전설이 관련이 있는 걸 보면, 그 끈질긴 생명력은 온갖 외침과 어려움 속에서도 오천년 역사를 꿋꿋하게 지켜온 우리 민족의 저력과도 많이 닮아 있다.

원나라에 처녀 공출로 끌려간 찔레라는 여자아이가 우여곡절 끝에 10년 만에 고향으로 돌아와 아버지와 동생을 찾아 산천을 헤매다 찾지 못하고 하얀 눈 위에서 죽었다. 죽은 찔레의 무덤에서 피어난 꽃이 바로 찔레꽃이 되었다는 것이다. 꽃 색깔은 눈을 닮아 흰색이고, 애타게 가족을 찾아 부르던 그 목소리는 은은한 향기가 되었으며 가족을 사랑하던 그 마음은 빨간 열매가 되었다는 전설이다. 뭉긋한 슬픔이 묻어난다.

꽃을 좋아하는 기호도 나이에 따라 변하는 모양이다. 젊었을 때는 꽃이라면 으레 화려한 장미와 고귀함을 지닌 백합의 그 도도함을 좋아했다. 나이 들면서부터는 그러한 화려함이 오히려 부담으로 느껴지고, 바라보기 편하고 마음에 담담한 휴식을 주는 수수한 색깔의 야생화들이 더 좋아졌다. 홑꽃보다 겹꽃들이 좋았다. 이젠 동백꽃도, 벚꽃도, 봉숭아도 홑꽃잎이 더 좋다. 어딘가 모자란 듯하지만, 단순하고 왠지 담백하게 느껴지는 홑꽃잎에 마음이 더 끌린다.

산그늘 풀 섶에 아침이슬 머금은 채, 무리지어 피어 있던 수수한 찔레꽃의 향기로움은 철 이른 무더위와 삶의 메마름을 보상해주고도 남았다. 지금은 그 자리를 계란 후라이같은 망초 꽃이 대신해주고 있다. 상처받은 마음을 위안 받을 수 있고 치유 받을 수 있는 곳이 결국 자연이라는 말이 새삼 와 닿는다. 세상이 아무리 빠름 빠름으로 변해도 여전히 아날로그인 내 심장은 순리 따라 자연이 건네주는 행복과 그 힘을 그리워한다. 저어기 플라타너스 잎 끝에 걸린 하얀 조각구름. 바람 불면 곧 떠나겠지만 잠시만 그대로 머물러주면 좋겠다. 달콤한 솜사탕 같은 조각구름 그 아래로 한움큼의 하얀 그리움이 일렁인다.

2014. 6.

왜 하필

왜 하필 당신인가요
우연인가
운명인가

우리를 묶고 있는 것이
쇠사슬인가
거미줄인가

아무리 털어도 떨어지지 않는
도깨비 씨 같은 당신은
운명입니다.

왜 하필
내게 불어 왔을까

보수된 유리창 이론

회색빛 들판이 초록으로 빠르게 채워졌다. 이제 세상은 하나같이 초록 물결이다. 뻐꾹새는 산기슭에서 울고, 짙은 나뭇잎 사이로 그리움도 바람같이 선선히 불어온다. 절반의 계절이 함께 공명하며 늠름해져 간다. 늦은 오후, 차 한 잔 마시며 간간히 찾아가는 인터넷 카페에 잠시 들렀다. 그 곳에서 뜻밖에 '보수된 유리창'이란 낯선 이론을 만나게 되었다.

'보수된 유리창 이론'이라. '깨진 유리창 법칙'을 접하면서 단 한 번도 생각해 보지 못한 탁월한 용어였다. 어느 수석교사가 '깨진 유리창 이론'은 있는데, 왜 '보수된 유리창 이론'은 없는 것인가? 라며 쓴 글이었다. '깨진 유리창 이론'에 대해서는 누구나 들어봤을 것이다. 그것은 미국의 범죄 심리학자 제임스 윌슨이 주장한 이론이다. 깨진 유리창 하나를 방치해 두면, 그 유리창을 중심으로 멀쩡하던 유리창들이 자꾸 깨진다는 사회 무질서에 관한 이론이다. 사소한 무질서를 방치하면 큰 문제로 이어질 가능성이 높다는 의미를 담고 있다.

그는 그의 글에서 '공부를 못하는 학생에게 낮은 학력은 곧 깨진 유리창이나 다를 바 없다. 학력의 유리창이 깨진 후에는 인격의 유리창도, 관계의 유리창도 다 깨져버린다는 데에 문제가 있다. 그러니까 깨진 학력의 유리창을 보수하고 나면, 인격의 유리창도, 관계의 유리창도 회복될 가능성이 높다.'라고 피력하였다. 학력의 유리창을 보수한다는 것은, 학력을 높인다는 의미가 아니라 낮은 학력으로 인한 열등감을 버리는 것이라는 설명도 덧붙였다.

또한 평소 공부를 못하는 아이들에게는 "공부를 잘하면 나중에 잘 먹고 잘 살 가능성이 높아지겠지. 물론 다 그런 것은 아니겠지만 말이다. 하지만 공부를 잘하는 것이 경쟁력이라면, 착하다는 것도 경쟁력이다. 성실하다는 것도 경쟁력이다. 실제로 학창시절 공부는 잘 못했어도 남달리 착하고 성실한 까닭에 멋지고 행복하게 사는 사람들을 얼마든지 만날 수 있기 때문이다."라는 말을 해주곤 한단다. 그러면서 끝머리에 유머를 함께 던져놓았다.

'4.5와 5는 친구 사이였다. 그러나 5라는 녀석은 4.5가 자기보다 조금 모자란다는 이유로 늘 못살게 굴었다. 지렁이도 밟으면 꿈틀하는 법. 어느 날 4.5가 팔을 걷어붙이고 덤벼들었다. "야, 너 이제부터 나에게 못되게 굴지 마. 심부름을 시키거나 날 무시하면 가만 안 둘 거야." 갑작스러운 4.5의 반격에 5는 어이가 없었다. "너, 지금 머리가 좀 이상해진 거 아냐?" 이 말을 들은 4.5는 고개를 치켜세우며 말했다. "이거 안 보여?" 4.5가 보여주고 싶었던 것은 무엇이었을까? 그의 얼굴에는 점이 사라지고 없었던 거다. 레이저 시술로 점을 빼고 보니, 4.5는 45가 되었던 것이다. 친구 5보다 무려 9배나 큰 존재가 되어 있었다.' 썰렁한 개그 같지만 전해주고자 하는 의미는 크게 다가왔다.

실제로 그가 아는 어떤 여자 수석교사 중에 얼굴에 있던 점을 제거한 후 외모에 신경을 좀 쓰는 듯 하더니 더 아름다워진 분이 있다고 한다. 그런 사실을 목도한 시점이 바로 '보수된 유리창 이론(?)'이 탄생하는 순간이었다고 너스레를 떠는 것으로 글은 마무리된다.

혹여 우리들 마음속에도 그와 같은 점들이 박혀 있는 건 아닌지 모르겠다. 45를 4.5로 만들어 버리는 점 말이다. 사람은 그 존재

자체로서 무한한 가치와 가능성을 지니고 있다. 하지만 남과 비교해서 좀 낫다 싶으면 교만에 사로잡히고, 좀 모자란다 싶으면 열등감에 사로잡히기가 쉽다. 언제나 그것이 문제다. 마음속에 깊숙이 박힌 열등감이란 점들을 시술해 주려는 노력. 그것이 소위 그가 전하는 '보수된 유리창 이론'의 시발점이 되지 않을까 싶다. 깨진 유리창을 방치하면 옆에 있는 유리창도 깨지기 쉽다. 그러나 비록 깨진 유리창일지라도 회복하려는 노력을 기울여 나간다면 주변의 깨졌던 유리창까지도 덩달아 보수되는 아름다운 기적이 일어나지 않을까 기대된다.

2014. 6.

그렇게

눈에도
코에도
입에도
열 덩이가
가득

훌 훌
만행 길 떠나시는
스님의 초연한 뒷모습처럼
그렇게 살 수는 없을까

존재이유

지난해 학교에서 교육청으로 자리를 옮기면서 작은 고민이 생겨났다. 매월 월례회 때 주어지는 시간 때문이다. 전 직원들 앞에서 무슨 말을 해야 할지. 그냥 말 수도 없고. 때가 되면 자연스레 고민스럽다. 이번 2월엔 '존재이유'에 관해 말했다. 작은 회의 때마다 내가 자주 사용하는 낱말이기도 하다. 존재이유 하면 예전에 유행했던 노래의 구절이 떠오른다. '알 수 없는 또 다른 나의 미래가 나를 더욱더 힘들게 하지만 네가 있다는 것이 나를 존재하게 해. 네가 있어 나는 살 수 있는 거야' 노랫말을 음미할수록 사랑뿐만 아니라 일터에서 조직에서도 참의미가 있다.

학교의 2월은 졸업식이 있고, 교원 인사가 있고 새 학년도 준비

로 바쁜 달이다. 학교와 학생을 지원하는 교육청도 마땅히 그래야 한다. 각자 맡은 일들을 적기에 보다 효율적으로 지원할 수 있도록 적극적으로 고민하고 계획을 수립한다. 학교와 학생이 있기 때문에 우리가 있는 것이다. 언제 어디서 어떤 일을 하던 존재 이유를 망각해서는 안 된다고 힘주어 말했다. 등대의 존재 이유는 오직 하나다. 마지막 기항지까지 불씨를 꺼뜨리지 않는 일이다. 마찬가지로 교육의 존재 이유는 누가 뭐래도 학생이다. 학생이 있어 학교가 있고, 학교가 있어 교직원이 있고, 교육청이 존재할 수 있는 것이다.

지난해 OECD가 회원국 10만5000여 중학교 교사를 조사해 발

표한 결과에 따르면, 우리나라 중학교 교사 중 '교사가 된 걸 후회한다'고 답한 비율이 20%나 되었다. OECD 34개국 중 단연 1위다. 학교 현장에는 여전히 많은 교사가 열정을 불태우고 있지만 상당수 교사는 이미 그 존재이유를 잃어버린 것이다. 냉소주의와 좌절감에 빠져 있다는 얘기다. 이는 교사들의 자존심 회복 방안을 본격적으로 마련하라는 경고음처럼 들려온다.

지금 이 나라의 교사들에게 가장 필요한 것은 존재이유의 '회복 탄력성'이 아닌가 싶다. '회복 탄력성'은 스트레스나 도전적 상황, 역경을 딛고 일어설 수 있는 힘이다. 아울러 어려움을 동력으로 바꾸는 유쾌한 비밀이 될 수 있다. 휴대전화도 수시로 배터리를 충전해야 쓸 수 있다. 하물며 사람은 어떠하겠는가. 교사의 에너지도 마찬가지다. 누구보다도 많이 지쳐 있고, 누구보다도 많은 에너지의 충전이 필요하다. 교사가 아프면 교실은 행복할 수 없다. 그들의 기운이 넘쳐야 학생중심 교육을 넓혀갈 수 있고, 가정처럼 행복한 학교 만들기가 이루어질 수 있다.

요즘 학교가 이래저래 어려운 게 사실이다. 그렇다고 이 순위 저 순위에 밀려서 교사들의 집단 무기력증을 방치해서는 절대 안 된다. 교사들의 자존감 고취와 사기 진작은 교직사회의 진취적인 문화 형성에 매우 중요한 요소이기 때문이다. 교육의 품질유지는 물

론 교육력 향상을 위해서도 교사들의 자존감을 높일 수 있는 대책은 반드시 필요하다.

어느 곳이든 자세히 들여다보면 어렵지 않은 곳이 없다. 하지만 어려움을 거품 맥주잔처럼 가만히 기울여 한켠으로 따라버리고, 지금은 다시 한 번 존재이유를 챙겨야 할 때다. 행복한 학교 학생 중심 교육을 준비하며 새 봄을 맞이해야 하기 때문이다. 입춘을 앞둔 어느 날. 느닷없이 남쪽 지방에서는 납매(臘梅)가 노랑꽃을 피웠다고 봄소식을 전해 왔다. 봄을 세운다는 입춘이 지난 지 오래다. 여전히 추위가 몸속으로 깊이 스며든다. 보름 이상 앞당겨 피웠다던 그 노랑꽃의 존재가 걱정이다.

2015. 3

소금처럼

날씨가 참 좋습니다.
누군가에게 소금처럼
흡수될 수 있다면

나
다음 생애에는
한 줌 소금이 되어도 좋습니다.

또 다른 나

모든 사람에겐 양면성이 있다. 정도의 차이만 있을 뿐이다. 살면서 '또 다른 나'를 느낄 때가 있다. 중년을 넘어서면서부터는 그 빈도가 잦아졌다는 것이 문제다. 때론 우울증을 넘어 소위 분노조절장애 현상으로 나타나기도 한다. 그래서 두렵다. '또 다른 나'는 실제로 보여지는 나와는 전혀 무관한 것처럼 여겨진다. 은밀하고 어두운, 하이드의 속성을 지니고 있기 때문이다. 하이드는 지킬의 욕망의 비극성을 상징화한 인물이며 또 다른 자아(alter ego)이다. 현실을 살아가자면 맞닥뜨릴 수밖에 없는 내 자신의 모순된 모습이 지킬과 하이드로 분리되어 부쩍 자주 표출되곤 한다.

그 날은 강력한 꽃샘추위 지나 봄기운이 폴폴 날리던 3월의 둘

째주 금요일이었다. 교육청이나 학교의 3월은 어디나 다 바쁘다. 지치고 힘들었던 주간을 보낸 터라 가족과 함께 쉼표를 찍을 요량으로 퇴근을 서두는데, 낯익은 전화가 걸려왔다. 남편이었다. 학교행사 마치고 직원들과 저녁식사만하고 일찍 들어오겠단다. 이유 불문하고 순간 짜증이 파도처럼 밀려들었다. 투덜거리며 현관을 들어서니 그동안 보이지 않던 것들이 눈으로 확 달려들었다. 홀린 듯이 이것저것 치우고 정리를 하고 나니 밤 9시를 넘어서고 있었다.

한 숨 돌리고 생각해보니 이쯤이면 들어와야 하는데 아무런 기척이 없다. 냅다 전화를 걸었다. 이미 흐트러진 목소리는 "좀 있다 갈 거다"라는 둥 횡설수설 거렸다. 순간, 또 다른 내가 모습을 드러내기 시작했다. 잊을만하면 한 번씩 이렇게 등장하곤 하는 내 안의 '또 다른 나'였다. 버럭 화를 냈다 . "대체 뭐냐고, 주말인데 이래도 되는 거냐고"소리를 지르며 나도 함께 비틀거렸다. 시간은 토요일을 향해 내달리고 있었다. 그 때부터는 분통의 고지를 넘어서 또 다른 내가 이빨을 드러내며 악마의 모습으로 견인되고 있었다. 생각해 보니 그 날은 13일의 금요일이었다.

숨 막히는 고통. 내 안에 묻혀진 또 다른 나의 모습이었다. 결국

나는 이중인격의 덫에 걸려들고 말았다. 그렇게 시작된 내판의 '지킬박사와 하이드' 뮤지컬 공연은 다음날까지도 계속되었다. 아무렇지도 않은 듯 토요일은 날이 맑았다. 시간의 황홀을 맛보는 비참이 있었다. 불현듯 심장이 쪼개지는 듯 아프고 서러웠다. 나의 비참은 그토록 황홀했다.

최근 모 방송사의 이중인격을 다룬 고전소설 '지킬박사와 하이드'로부터 모티브를 얻었다는 드라마 '하이드지킬 나'를 몇 번 본 적이 있다. 한 남자의 전혀 다른 두 인격을 다루고 있었다. 두 인격은 동시에 활동하지 않고 하나가 활동할 때 다른 하나는 잠재되어 있었다. 흔히 이중인격을 '지킬 앤 하이드 신드롬'이라고 부른다. 자상하고 다정한 남편, 아내, 아빠, 엄마, 매사 확실하고 배려 깊은 상사, 누구에게나 친절하고 다정한 사람. 하지만 삽시간에 예측할 수 없는 모습을 보이며 극심한 기분 변화와 이상행동을 나타낸다. 이런 모습은 나 혹은 당신의 이중인격일 수 있다. 가정에서와 밖에서의 반응이 다른 모습을 다뤘던 어떤 CF 장면이 오버랩 된다.

누구나 내면의 그림자가 존재한다. 그로테스크한 세계가 있다. 갱년기 증상을 보이면서 그런 현상이 두드러져 가는 것 같아 사실 조심스럽고 두렵다. 멋진 아내, 좋은 엄마, 다정다감한 며느리와 딸, 명쾌하고 배려 깊은 상사 그런 모습에서 이탈되지 않으려 안간힘을 쓴다. 그러면 그럴수록 어깨가 무너진다. 하이드의 속성을 철저하게 은폐하려 할수록 '또 다른 나'는 울쑥불쑥 아무 때나 극성을 부리며 용을 쓰려 한다.

여기저기서 씨앗과 싹들이 땅 거죽을 깨고 밖으로 밀려 나온다. 나무의 잎눈들도 나뭇가지를 찢고 한사코 밖으로 잎눈을 내미는 아픈 계절이다. 아니 새로운 세상이 열리는 환희의 봄날이다. 이미 불청객이 된 '또 다른 나'는 때로 뱦루지처럼 때로 갯버들처럼 솟아오른다. 벚꽃 분분이 날리는 봄날. 달뜬 숨 토하며 곤두선 '내 안의 나'를 조용히 감싸 안으며 다독거려 본다.

2015. 4

그 이후

떠돌이 빗방울들
진주알로 환생하던 연잎 위로
길게 뻗어 올린 꽃 대궁
환하게 빛나던 부처님 미소

꽃 속 천리 해는 지고
잊었던 기억하나
목마른 이름 걸어 두고
타는 들길 홀로 서 있는 그대여

슈드비 콤플렉스

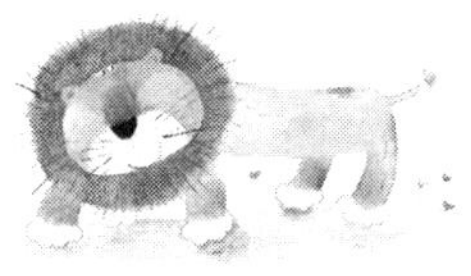

완연한 봄인가 했더니 꽃샘추위 그녀가 다시 찾아왔다. 그러면 그렇지. 그렇게 쉬이 내어줄리 없지. 근데 어쩌겠어. 불어오는 그 바람 어찌 감당할 수 있겠어. 여기저기서 새로운 질서를 만들어내며 뾰족뾰족 돋아나는 봄 세상을. 햇볕이 유리창에 착 붙어 온기가 전해지는 오후. 차 한 잔의 여유를 만끽하며 자주 찾는 카페에 들렀다. 그 곳에 가면 바쁜 일상을 잠시나마 잊을 수 있다. 덤으로 교육 정보는 물론, 다양한 자료들까지 만날 수 있어 좋다.

그 날 '교육이야기 코너'에 유독 눈길을 끄는 글이 올라와 있었다. '2015년 3월 11일 발행된 미국의 〈허핑턴 포스트〉에 의하면 많은 연구에서 교사의 우울 정도가 다른 직업군보다 높게 나왔다.'

로 시작되는 "선생이 저러면 안 되지" 그 말 참 우울합니다. 라는 제목의 어느 여 선생님 글이었다. 지난 2월에 발표되었던 '교사 된 것을 후회 한다' 한국 OECD 1위라는 보도가 오버랩 되면서 백번 공감됐다. 교사들은 언제나 남에게 좋은 인상으로 남아야 한다는 직업적 페르소나로 인해 더 힘든 게 사실이다. 도덕적이고 착해야 한다는 과도한 '슈드비 콤플렉스'로 교직에 대한 회의는 물론, 자존감이 저하되어 무력해지기 일쑤이다.

'슈드비 콤플렉스(Should Be Complex)'란 자기가 자기 자신으로 살지 못하고 언제나 '이러이러해야 한다'는 강박관념에 시달리는 상태를 말한다. 참된 교육자, 좋은 남편 아내, 아빠 엄마, 다정다감한 며느리와 딸, 명쾌하고 배려 깊은 상사의 모습에서 이탈되지 않으려 안간힘을 쓰며 살아가고 있는 것이다. 그러다보니 진정한 나는 어디에도 없다. 늘 과도한 책임감으로 어깨가 무너져 내릴 뿐이다.

최근 SNS 상에서 '당신의 감정은 안녕하신지요?' '하루 몇 번이나 뚜껑이 열리십니까?'라는 질문에 맞닥뜨린 적이 있다. 답은 결코 안녕하지 못하다. 뚜껑은 글쎄? 생각해보니 자주 열리는 편이다. 중년을 넘어서면서부터는 그 빈도가 잦아진 게 분명하다. 한

움큼의 햇살에도 까닭 모를 눈물이 고인다. 때론 우울증을 넘어 분노조절장애 현상을 나타내기도 한다. 그런 내 모습들이 사실 낯설고 두렵다.

누구에게나 '또 다른 나'가 있다. 정도의 차이만 있을 뿐, 모든 사람에겐 양면성이 있다. 살면서 '또 다른 나'를 느낄 때가 있다. '또 다른 나'는 실제로 보여지는 나와는 전혀 무관한 것처럼 여겨진다. 은밀하고 어두운, 하이드의 속성을 지니고 있기 때문이다. 현실을 살아가자면 맞닥뜨릴 수밖에 없는 내 자신의 모순된 모습이 지킬과 하이드로 분리돼 자주 표출되곤 한다.

사회적 불안이 늘어 갈수록 개개인은 분노, 두려움, 연민, 슬픔 등 부정적인 감정으로 인해 정신적인 공허 상태가 자주 나타난다. 손대면 톡~하고 터질 것만 같을 때도 겉으로 표현하지 못하고 삭이는 경우가 많다. 하지만 감정은 참거나 눌러서 억압한다고 해결되진 않는다. 오히려 다양한 신체 증상으로 나타나기도 하고, 몸과 마음이 큰 상처를 입게 된다. 감정조절 연습이 그래서 필요하다. 감정을 현명하게 잘 다스리는 사람은 자신의 감정키를 쉽게 남에게 넘겨주지 않는다고 한다. 그러기 위해서는 감정에 대한 깊은 이해가 필요하다. 스스로 감정을 느껴야 한다. 순간순간 느끼는 감정에 솔직해져야 한다. 그래야 영혼의 우물이 맑아지고 삶이 행복할 수 있다.

연두 빛 날개 달고 너울너울 봄이 온다. 담장 밑에 민들레는 벌써부터 이쁜 촌티를 내며 노랗게 웃고 있다. 봄은 느린 듯 더딘 듯 그렇게 불쑥 왔다 울컥 가 버릴 것이다. 아무리 바빠도 잠깐 멈춤의 시간을 가져보자. 코끝에 느껴지는 봄바람의 숨결을 느껴보자. 그런 여유가 이래야만 한다 저래야만 한다는 '슈드 비 콤플렉스' 시달림으로부터 잠시나마 벗어나게 해줄 것이다. 감정을 더 풍요롭고 행복하게 충전시켜 주는 것은 강물처럼 스스로 흐르게 내 버려두는 것은 아닐까. 봄 햇살 속으로 생각해 본다.

2015. 4

하소연

눈을 감고도 갈 수 있던 길을
한동안 갈 수 없었습니다.
진흙 속에 뿌리내린 채
불꽃 등 피워 올렸던 그 곳을

황금들판 가로질러
그 곁을 지나는데
연잎위로 눈물방울 또르르
풍경이 흩어지고 밤낮이 바뀌고
그저 막막하기만 했습니다.

날 저물도록 기별 없는 아픔
건드리면 주루룩 눈물 흐를 것 같은
심장처럼 붉은 노을에게
하릴없이 하소연만 하고 돌아왔습니다.

벚꽃을 보내며

사월의 어느 날 우리 동네도 알몸의 나무들이 일제히 하얀 꽃을 피워냈다. 검은 몸속 어디에 저 많은 꽃 순을 숨겨 두었던 것일까. 서해안 끝자락에 자리 잡은 우리 동네는 언제나 다른 지역의 벚꽃들이 흩날릴 즈음에야 비로소 피워 올리곤 한다. 창경궁과 진해, 하동 쌍계사 십리 벚꽃 길, 순천 송광사 벚꽃 길, 충주호 벚꽃터널, 수안보 벚꽃 길, 경포호 같이 유명하진 않아도 숨겨진 벚꽃 길은 곳곳에 자리 잡고 있다.

지난 주말, 금강 하구언 주변 벚꽃 때문에 발을 헛디뎠다. 바람에 흩날리는 꽃비를 마중하느라. 길바닥에 하얗게 누운 꽃잎을 밟지 않으려고 몇 번씩 휘청거렸다. 눈이 부실 정도로 화사한 그 곁을 지나는 동안 한 무리 구름송이 같은 꽃들이 걸어가고 걸어왔다. 몸과 마음은 구름처럼 둥둥 떠갔다. 천지간에 벚꽃 가득한 봄날 오후. 꽃그늘 아래서 그 사람을 뒤돌아보며 저무는 하루처럼 웃었다.

이기철 시인은 벚꽃 그늘 아래 잠시 생애를 벗어놓으면 '무겁고 불편한 오늘과/ 저당 잡힌 내일이/ 새의 날개처럼 가벼워지는 것을/ 알게 될 것'이라고 노래했다. 그의 시처럼 피워올리며 떨어지는 벚꽃 아래 일상의 무게를 내려놓고 푹 빠져보았다. '입던 옷 신던 신발 벗어놓고/ 누구의 아비 누구의 남편도 벗어놓고/ 햇살처럼 쨍쨍한 맨몸으로 앉아보렴/ 직업도 이름도 벗어놓고/ 본적도 주소도 벗어놓고/ 구름처럼 하이얗게 벚꽃 그늘에 앉아보렴…' 웅얼거리며 한참을 그렇게 있었다.

어떤 남자가 벚꽃 길을 걷다가 옆에 있는 애인한테 퀴즈를 냈다. 모르는 척 귀는 열어 두었다. 벚꽃 곱하기 벚꽃은 뭘까요? 그 남자가 급히 답을 했다. '당신'이라고. 아~ 닭살이다. 그런데 그 애인이 얼마나 부럽던지. 거짓말이라도 그런 닭살 같은 답 한번 들어나 보고 싶은 봄이다.

일본 속담에 '꽃은 벚꽃 사람은 무사'라는 말이 있다. 꽃 중에서는 벚꽃이 가장 아름답고, 사람 중에서는 무사가 첫째라는 거다. 순식간에 폈다가 순식간에 지는 벚꽃처럼 죽음 앞에서도 망설이지 않고 정결하게 마무리하는 무사가 가장 훌륭하다는 뜻이겠지. 천하통일을 꿈꾸는 자들의 무대 뒤에서 자신의 삶을 그려나간 호소가와 가라샤의 사세구(辭世句)도 떠오른다. '져야할 때를 알아야/ 비로소/ 세상의 꽃도 꽃이 되고/ 사람도 사람이 된다. 벚꽃은 가장 극적인 낙화의 미학을 보여준다. 요절한 시인의 짧은 생애 같아서 언제나 마음 한켠을 아리게 한다.

어렵게 피워낸 꽃들이 만개하자마자 바람과 함께 달려온 봄비가 흔들었다. 여기저기서 벚꽃이 진다. 피는 건 힘들어도 지는 건 잠깐이다. 그 환한 적막. 대궐처럼 화려하게 피었다가 밀물처럼 순식간에 스러지는 모습. 그 순간의 한 모습을 오래 동안 붙들어 노래하고 싶었다.

하늘이 벚꽃으로 가득했다. 살아서 황홀했고 죽어서 깨끗한 벚꽃. 그 황홀함 속에서 아릿한 슬픔을 느낀다. 눈먼 그리움. 다시 사월이다. 한창 피어나는가 싶다가 벚꽃 잎처럼 떨어져 흩어져 버린 생명들이 화사한 슬픔으로 떠다니는 듯하다. 벚꽃을 보내며 흩어져 떠난 그들을 생각한다. 아픈 기억은 레테(Lethe,망각의 강)에 흘려보내야 한다. 허나 그것이 주는 교훈은 절대 잊지 말아야 할 사월(思月)이다.

2015. 4.

3장

한여름 단상

지열이 아지랑이로 피어오르는 한여름 날. 숨이 탁탁 막혀 온다. 오늘도 작렬하는 여름 태양처럼 정열적인 그런 삶 살아야겠지. 명징하고 선명하고 또렷하게. 시뻘건 노을이 산중턱에 엎질러져 뉘엿대는 풍경을 바라보면서 내 영혼을 목 놓아 뜨겁게 울어 보고 싶다.

욕심

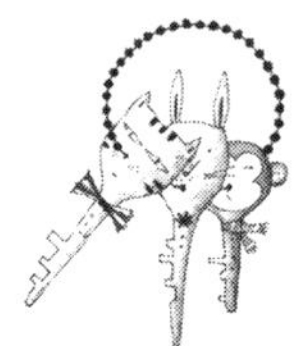

신록의 성숙함이 돋보이고 보리가 익어가는 6월. 넝쿨장미들이 햇살아래 자꾸만 말을 건네 온다. 살살 불어오는 바람에 담채화 느낌의 맑은 시가 생각나는 아침. 참기름을 발라 놓은 듯 반짝이는 잎새 위로 햇살이 분가루처럼 흩날린다. 빈 들판은 모내기로 연두 빛깔 가녀린 잎새들이 하나 둘씩 꽂혀 가고, 면역된 시간이 상처로 얼룩진 봄날을 빠져나간다. 열린 창문으로 알아서 들고 나는 착한 바람처럼, 숨 쉴 때마다 일일이 고맙다고 말하지 않아도 되는 꼭 필요한 산소처럼 그렇게 살 일이다.

가끔 욕심이 많아 보인다는 얘기를 듣는다. 그 때마다 나는 꼭 그런 것 같지 않은데 하면서도 한 번씩 거울을 들여다보게 된다.

내 얼굴 어디쯤에 욕심이 매달려 있는 걸까? 주어진 삶에서 최대한 긍정적으로 생각하며 순리대로 살아가려 애써 노력하고 있는 것 같은데. 웬만하면 땅을 더 밟으며 자연과 함께 하려는 욕심을 부려왔던 건 틀림없는 사실이다.

끝이 없는 게 사람의 욕심이라고들 한다. 가끔 그 욕심이 너무 지나쳐서 오히려 낭패를 보는 경우도 있다. 이치에 맞지 않는 지나친 욕심은 자신뿐 아니라 주변을 곤경에 빠뜨릴 수 있다. 욕심은 불만을 낳고 불만은 불행으로 안내하는 지름길이다. 사실 누구라도 욕심 없는 삶을 지탱하기란 불가능하다. 문제는 늘 분수에 넘치는 과욕이며 사람의 도리를 벗어난 욕심에 있는 것이다. 내게 득이면 된다는 자기중심적 이기주의에 몰입하고 집착한 결과로 빚어진 사건 사고들이 그동안 얼마나 많았던가.

오래전 일본을 방문했을 때 일이다. 교토시 청수사안에 오토와라는 폭포에 갔었다. 그곳에서 내려오는 세 갈래의 물줄기. 지혜 · 사랑 · 장수를 각각 상징하는 물을 마시면 그 복이 찾아온다고 했다. 단, 세 갈래의 물을 다 마시면 그 욕심 때문에 불운이 따르므로 두 갈래만 선택해서 마셔야 한단다. 살짝 고민하다가 지혜와 사랑의 물줄기를 마셨던 기억이 난다. 이왕이면 장수(건강)의 물도 마시고 싶었다. 그곳에 왔던 사람은 누구나 그랬지 않았을까 싶다. 나이 들어 여기저기 곰실곰실 쑤시고 아플 때마다 그 날, 장수의 물줄기를 마시지 못한 것이 솔솔 아쉽다. 지금 같아서는 장수 물줄기를 먼저 마실 것 같다. 이것 또한 욕심이겠지.

욕심과 관련한 톨스토이의 우화가 있다. 한 가난한 농부 얘기다. 이 농부는 평소 귀족들처럼 넓은 땅을 갖고 싶은 욕망에 사로잡혀 있었다. 어느 날 한 귀족으로부터 솔깃한 제의를 받는다. "여보게 내가 그 소원을 풀어주지. 자네 마음대로 하루 동안 달리면 그 만큼의 땅을 주겠네." 다음 날 그는 아침 일찍 일어나 신이 나서 죽기 살기로 넓은 들판을 달렸다. 한 발을 내디딜 때마다 그게 자기 땅이라니. 마침내 그는 엄청난 거리를 달린 뒤 출발점으로 돌아왔다. 그러나 숨을 헐떡이며 되돌아오자 곧 지쳐 쓰러져 죽고 만다. 결국 하루 종일 자기의 땅을 위해 달렸지만 그에게 필요했던 땅은 스스로 묻혀야 할 2평 남짓의 땅 뿐이었다. 욕심이 일을 그르치고 화를 부른 사례다. 그저 웃어넘기기에는 인생의 비애가 느껴진다.

버리고 비우는 일은 결코 소극적인 삶이 아니라 지혜로운 삶의 선택이다. 채우기보다는 욕심에 집착하지 않는 방법을 스스로 찾아가며 사는 것이 훨씬 행복한 삶이라 한다. 사람인지라 아예 욕심 없이 살 수는 없다. 하지만 불필요한 욕심을 걸러낼 줄 아는 삶, 그런 삶을 실천하며 사는 것이 무엇보다 중요하다. 가끔은 법정 스님의 '무소유의 행복'을 떠올리며 마음을 비워보려고 한다면, 좀 더 가벼우면서도 풍요로운 삶을 살아갈 수 있지 않을까.

2014. 5.

유월

스치듯
장미꽃 향
살살 불어옵니다.

덩달아
그리움도 춤을 춥니다.

하늘은 고요하고
땅은 향기로운
6월입니다.

절반의 계절
유월의 꽃잎 위에
詩를 띄웁니다.

물컵 내려놓기

해머를 들고 폐차 위에 올라가 사정없이 부수는 장면이 마치 영화촬영 현장 같다. 펀치볼이나 미니 샌드백을 두들겨 패는 사람들을 보면 운동선수라는 착각도 든다. 그런가 하면 노래방으로 달려가 신나게 드럼을 치고 피아노 건반을 마구 눌러댄다. 조용한 발라드는 저리 가고 온통 시끄러운 댄스곡 일색이다. 언젠가 영상으로 봤던 스트레스를 푸는 갖가지 모습들이다.

하루라도 스트레스를 받지 않고 살아가는 사람들이 있을까? 사람 사는 일 다그러하지. 닿을 듯 닿지 못하고. 그러려니 살아보려 해도 그게 잘 안될 때가 많다. 별것 아닌 일에 벌컥 화를 내기도 하고, 스트레스 받아 못살겠다는 말을 자주하고 산다. 소나기를 품

은 후텁지근한 주말, 우연히 〈스트레스 해결법에 대한 명 강연〉이란 글을 읽었다. 내용을 정리해보면 이렇다.

미국의 한 심리학자가 강의하러 들어왔다. 그가 물이 들어있는 컵을 들자, 강의실에 있는 학생들은 '컵에 물이 반밖에 없네. 또는 반이나 차있네'라는 등 시시콜콜한 얘기나 하겠지 라며 시큰둥하게 앉아있었다. 그런데 심리학자는 환히 웃는 얼굴로 "이 물 컵의 무게는 얼마나 될까요?"라고 물었다. 이에 학생들은 250g~500g 사이라고 대답했다. 그러자 그가 말했다. "물의 실제무게는 중요하지 않습니다. 문제는 물 컵을 얼마나 오랫동안 들고 있느냐 입니다. 만약 물 컵을 1분 동안 들고 있는다면 별 문제가 되지 않아요.

그러나 물 컵을 1시간 동안 들고 있는다면, 팔이 저려오고 아파올 겁니다. 만약, 하루 종일 들고 있었다면, 팔의 감각이 없어지고 마비될 것입니다. 각각 물 컵을 들고 있는 시간은 다르지만, 물의 실제무게는 전혀 변하지 않습니다. 우리가 살아가면서 느끼는 스트레스와 걱정은 물 컵에 들어있는 물과 같습니다. 내게 닥쳐온 스트레스를 잠깐동안 생각하는 것은 별 문제가 되지 않습니다. 그러나 조금 더 생각하면 할수록 문제가 되고 머리가 아파옵니다. 그리고 하루 종일 생각한다면 당신은 마비됨을 느끼며 아무것도 할 수 없는 상태가 돼버린다는 점을 명심해야 합니다."

무거우면 빨리 내려놓자. 내려놓기만 하면 자유로운 것을. 그걸 잘 못하고 산다. 지금 뭔가 무겁다면 잠시만 내려놓아 보자. 몸과 마음이 한결 가벼워질 것이다.

세상사에 너무 민감하거나 욕심이 과해 까치발 서다 입이 마르고 열이 뻗칠 때가 있다. 그럴 때는 나름의 방법으로 마음의 화를 가라앉혀 볼 일이다. 가라앉히면 차분해지고 맑아진다. 덩달아 마음의 여백도 넓어진다. 아름다운 게 비로소 아름답게 보인다. 그때가 바로 행복해지는 순간이다. 남들의 질주만 조금 덜 쳐다봐도 놀랄 만큼 행복의 길이를 늘일 수 있다고 한다. 어차피 스트레스라는 걸 피할 수 없는 세상이라면 나름의 현명한 대처가 필요한 것 같다. 우리가 하는 걱정의 98%는 사실 쓸데없는 걱정이라고 한다. '걱정은 내일 일어날 문제를 절대 해결해 주지 못한다. 다만 오늘의 내 평화를 가져갈 뿐이다.'라는 말을 새김질해 볼 일이다.

날로 햇빛에 살기가 돋는다. 작가 이상이 "무섭다"고 한 그 여름 숲이다. 나에겐 그나마 남은 감수성마저 감옥에 갇히는 계절이다. 그래도 둥글게 일렁이는 빛과 바람, 그 안에 열매를 키우는 자연의 위대한 힘을 느끼며 살 일이다. 팍팍한 일상일지라도 어떠한 순정을 가지고 산다면 거친 마음결이 순하게 다듬어지고, 그동안 느끼지 못했던 행복을 만날 수 있을 것이다. 그러니 살면서 우리 절대 잊지 맙시다. '물컵 내려놓기'

그리움

오늘은 하늘이 온통 회색빛입니다.
몸도 마음도 꾸물꾸물합니다.
곧 비가 내릴 모양입니다.

커피 한잔에 사랑을 담아 마십니다.
향이 가득 차오릅니다.
그리움도 동그랗게 떠오릅니다.

생각의 선택

장마는 오래전에 시작됐다는데 마른장마란다. 약수터 물도 아기 오줌발이 된 지 오래다. 긴 가뭄으로 밭작물들의 목마른 아우성이 들려온다. 이쯤해서 소낙비라도 한 줄금 시원하게 쏟아 내렸으면 싶다. 하늘을 품은 잿빛 구름에 세상도 덩달아 속 시원히 해결되는 것은 없는 것 같다. 요즘 의자에 단정히 꽂혀 있기에는 너무 칙칙하고 후텁지근하다. 짜증도 나고 별거 아닌 것에 화나기 일쑤다. 살다 보면 화를 낼 일은 많다. 하지만 화를 터뜨리기 전에 큰 숨 한 번 들이켜고 생각을 해야 한다. 사실 좋은 생각만 하고 살기에도 짧은 세상이다. 아무리 세상이 눅눅하고 힘들어도 좋은 생각으로 모드를 전환하는 순간, 세상은 한층 까실까실 뽀송뽀송해질 수 있다.

'생각이 바뀌면 세상이 변한다.' 어디서 많이 들어 본 문구다. 하버드대연구소에서 연구 논문을 발표하면서 붙인 제목이다. 생각의 중요성을 역설하고 있다. 일본의 하루야 마시게오 또한 그의 책 「뇌내혁명」에서 플러스 발상이 몸과 마음에 최고의 약이 된다는 것을 밝힌 바 있다. 참으로 신기하게도 사람이 어떤 생각을 선택하면 그 생각이 그저 스쳐 지나가지 않고 몸속에 특별한 물질을 만들어 보내놓고 지나간다고 한다.

위기의 순간 어떻게 생각하느냐가 얼마나 중요한지를 대변하는 믿기 어려운 실화가 있다. 미국 텍사스의 한 물류회사 냉동 창고 안에서 잔업을 하고 있던 동료 '잭'을 챙기지 못한 채 밖에서 문을 잠가버리고 서둘러 퇴근을 하게 되었다. 그 다음날 냉동 창고에 갇힌 잭은 고드름처럼 꽁꽁 얼어붙은 사체로 발견되었다. 부검을 해보니 예상대로 사인은 '동사'로 판명 되었다. 저 체온증으로 세포가 얼어 괴사되어 죽은 것이었다. 헌데 그의 죽음은 미스터리한 사건으로 분리되어 특별수사팀의 정밀조사가 착수될 수밖에 없었다. 왜냐하면 사고 당시 잭이 갇혀 있던 냉동 창고의 전기 플러그가 뽑혀 있어 가동되지 않은 그 냉동 창고의 실내온도가 영상 11도였기 때문이었다. 영상 11도에서는 사람이 얼어 죽을 수 없다고 한다.

특별조사팀은 잭이 웅크리고 죽은 냉동 창고의 구석 바닥에서 날카로운 물체로 쓰인 다음과 같은 그의 자필을 발견했다. "아! 냉동 창고에 갇혔다. 점점 추워진다. 온몸이 얼어간다. 이제 나는 죽어가고 있다." 조사 결과, 잭이 죽게 된 사인은 추위 때문이 아니라 추워서 곧 죽게 될 것이라는 그의 얼어붙은 생각 때문이었다니. 참으로 안타까운 사실이다. 결국 그가 선택한 생각이 그를 속였고, 그 생각이 그를 죽게 만든 것이다.

누구에게나 똑같이 주어지는 시간이다. 또 누구에게나 위기의 상황은 닥칠 수 있다. 하지만 어떻게 생각하느냐에 따라 삶이 좌우된다. 이왕이면 좋은 생각, 플러스적인 생각을 선택할 이유가 바로 여기에 있다. 신이 인간에게 부여한 가장 위대한 능력이 선택하는 힘이라고 한다. 로마의 황제이며 철학자인 마르크스 아우렐리우스는 "좋은 것도 좋지 않은 것도 없다. 다만 생각이 그것을 만들어 낼 뿐이다."라며 일찍이 생각의 힘을 간파했다.

작년 이맘 때 쯤, 함께 근무하는 선생님들께 보낸 유머 메시지가 생각난다. 'AIDS에 걸리면 왜 사망하는가? A-아 I-이제 D-다 S-살았다라고 생각하기 때문이라고 합니다. 이래저래 어려운 시기지만, 청보리처럼 푸르른 우리 아이들에게 이왕이면 좋은 생각과 희망을 전합시다. 학교에 있는 우리는 후천성면역결핍증(AIDS)이 아닌 후천성희망결핍증에 걸린 우리 아이들을 치료하는 멋진 의사들이 돼 봅시다.' 긍정적인 생각은 삶에 흔들리지 않는 힘이다. 오늘도 무지 덥다. 후텁지근하고 힘든 상황일지라도 흔들리지 말고 좋은 생각의 스위치를 켜야겠다.

2014. 7

무제

장마가
시작되었습니다.

떠돌이 빗방울들이
연잎을 만나
진주알이 되었습니다.

나는 나는
누구의
연잎인 적이 있었는지

오늘처럼
처량처량 비 내리는 날
이래저래 무성한 사연
촉촉히 돌아다봅니다.

Ask them

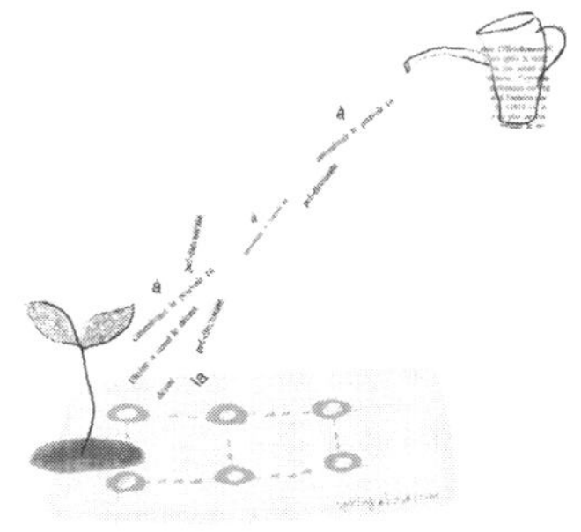

장마철 간절했던 작달비가 요 며칠 간 요긴하게 내렸다. 잘못된 모든 것을 작달비에 씻고 새 희망을 노래했으면 하는 바람을 가져본다. 햇살이 오랜 만에 민낯으로 나왔다. 말매미 몇이 모처럼의 둥근 오후를 제재소 전기 톱날처럼 토막토막 켜듯 울어댄다. 한낮의 햇살은 아직 뜨겁지만, 아침저녁으로 부는 바람이 수상하다. 바람이 몸이 확실히 가벼워졌다. 하늘도 생각도 깊어졌다. 저기 가을이 온 거다.

요즘 대한민국 영화계 사상 최초 1,600만을 넘어선 '명량'이 화제다. 한국 박스오피스 사상 최다 관객 수를 수립하며 역대 박스오피스 1위 자리를 차지한 것에 이어 한계 없는 흥행을 달리고 있다.

2,000만 돌파도 꿈이 아니라고 한다. 우리 가족도 그 대열에 합류했다.

영화는 쉴 틈 없이 빠르게 전개되어 2시간이 어떻게 가는지 모를 정도로 몰입도가 높았다. 개인적인 차이는 있겠지만 흥미진진했다. 영화를 본 지 이주일이 넘었어도 명대사들은 아직 살아 귓가에 맴돌고 있다. 왕에게 보내는 상서를 쓰는 장면에서 "신에게는 아직도 12척의 배가 남아있사옵니다.", 살기위해 싸움을 포기하자는 부하들에게 "아직도 살고자하는 자들이 있다니 놀랍다", 아들이 부하들의 두려움을 어떻게 용기로 바꿀 수 있는지 물어보는 장면에서는 "내가 죽어야겠지", 긴 전투가 끝나고 옛 부하의 아들이 내민 토란을 받아먹는 장면에서는 "먹을 수 있어 좋구나" 등이 그것이다. "먹을 수 있어 좋구나" 이 대사는 우리 집 막둥이가 식사 때 농담 삼아 읊조려 웃음을 자아내기도 한다.

평소 자주 찾는 블로그에 잠깐 들렀다. 거기서 만난 어느 교장 선생님 이야기 글속에서 생각지도 못했던 '명량'의 명대사를 새로이 접하게 됐다. 그는 남들이 거의 기억도 못할 대목에서 큰 감동을 받았다고 한다. 유아무개 장수의 아들이 이순신 장군에게 소개된다. 이순신 장군은 보관하고 있던 유아무개 장수의 유품을 아들에게 내밀며 말한다. "네 아비가 쓰던 물건이다. 받겠느냐?" 그는 이 '받겠느냐?'는 말에 가슴이 찡 했다고 한다. "네 아비가 쓰던 물건이다. 가져가거라." 이렇게 말하지 않고 그 아들에게조차 받겠는지 의사를 물은 거에 반했다는 거다.

오래전에 그 교장선생님은 학교 기숙사 화장실 리모델링 공사가 끝나갈 무렵 담당자들이 카탈로그를 들고 와서는 화장실 문짝을 어느 디자인으로 하면 좋은가 묻더란다. 그래서 교장은 여학생 기숙사 화장실을 쓸 일이 없으니 직접 사용할 여학생들이 고르도록 했다고 한다. 그냥 스쳐가는 대사에서도 큰 울림을 찾아내는 안목. Ask them. 그들에게 물어보라. 학생들을 생각하고 그들의 눈높이를 인정하려는 참된 교육자의 모습이 무척 존경스럽다. 직장에서 학교에서 우리는 어떻게 하고 있는지 한 번 자문해 볼 일이다.

교황이 우리 곁에 머무신 동안 행복했다. 신자는 아니지만 뭔지 모르게 아늑했다. 교황의 손짓, 표정, 행보를 뉴스로 접할 때마다 마치 아기가 어머니 품에 안겨 험한 세상을 바라보듯 해맑고 온화했었다. 무엇보다 낮은 곳에서 몸소 섬기는 자세를 보여줌으로써 실천의 교훈을 가르쳐 주었다. 어린아이처럼 맑고 천진난만하던 그 분의 눈빛이 다시 그립다. 절뚝절뚝 여름이 그렇게 가고 있다.

2014. 8

한여름 밤 연가

혼자서 쉽게 놀 수 없었던 휴일
속절없이 밤은 밀려오고
외진 곳 높이 매달린 외등만큼 외로워
슬며시 안부를 묻습니다.

낮은 풀들이 바르르 떨리는 여름 밤
내가 좋아하는 나무 위 이슬로 내리며
공광규 시인 무량사 한 채
대웅전 나무문살 꽃무늬 단청 스치는
바람소리를 내고 싶습니다.

마음 급한 코스모스는
벌써 꽃단장하고 나섰던데…

나이 든다는 것

장마가 북상중이다. 주말 우리지방에도 가뭄을 뚫고 비가 내렸다. 극성스런 녹음의 골목마다 눈물 글썽이는 바람이 비릿한 땅 내음과 몽환처럼 종일 떠다녔다. 따뜻한 커피 한 잔 마시며 하염없이 창밖을 바라보았다. 꽃들이 흔적 없이 사라진 것을 새삼 느꼈다. 아름다운 것도 참으로 한 순간이다. 흙, 물, 햇빛, 바람의 기운이 모여 꽃이 된다. 열매가 되기도 한다. 그 기운이 다하면 그림자도 남기지 않고 사라진다. 우리네 인생도 그런 거겠지.

어느새 이 나이에 당도할 줄은 정말 몰랐다. 나이는 언제나 낯설다. 어찌어찌하다보니 지금 이 나이에 와 있다. 이쯤 나이 들면 삿된 마음이나 욕심을 내려놓을 줄 알았다. 어깨에 얹힌 슬픔도 인생

도 어느 정도 담담히 바라볼 수 있게 되리라 여겼다. 그런데 그게 참 안 된다. 여자가 나이 든다는 것은 운명만은 아닌 것 같다. 어쩌면 치명적인 약점이기도 하다. 사십 넘으면 그냥 엄마이고 아줌마인 줄로만 알았다. 여고시절엔 그랬다. 근데 그 나이 훨씬 넘었어도 그건 분명 아니다. 세월은 흘렀어도 여전히 소녀이고 청춘이다. '야야야 내 나이가 어때서 마음은 하나요, 느낌도 하나요. 사랑하기 딱 좋은 나이'라던 유행가 그 노랫말이 맞다. 발랄한 청춘들은 코웃음 치며 인정을 하지 않아도 진짜 그렇더라.

젊음은 나이가 아니라 마음이라고 한다. 그러니 장밋빛 두 뺨, 앵두 같은 입술, 탄력 있는 피부만이 젊음은 아니다. 강인한 의지와 풍부한 상상력, 무엇보다 시들지 않는 열정이 있으면 나이의 숫자를 떠나 젊음이다. 시인 사무엘 울만도 '청춘이란 인생의 어떤 기간이 아니라 마음의 상태를 말한다'며 '나이를 더해가는 것만으로 사람은 늙지 않는다. 이상을 잃어버릴 때 비로소 늙는 것이다'라고 말했다. 인생은 나이와 상관없이 꿈과 열정을 잃는 순간부터 더 이상 청춘이 아닌 것이다. 나이 든다는 것은 오히려 뭔가 새롭게 부딪혀 보고 배우기에는 그 인생이 짧다는 의미는 아닐까. 그것은 길이 거기서 끝나는 것이 아니다. 그 다음 길을 거기서부터 다시 만들어 나가는 열정의 연속인 것이다.

'내 마음 같지 않은 사람들 내 뜻대로 안 되는 세상과 공존하기, 라는 부제가 달린 「어른으로 산다는 것」 아주 오래전에 읽었던 책이다. 진정한 어른으로 산다는 것에 대해 곰곰이 반추하며 촘촘히 다시 읽었다. 어른이 된다는 것은 결국 '세상은 내가 바라는 대로 움직인다는 어린 시절의 전지전능함을 포기해 가는 과정이다. 그리고 무엇이든 가능할 것만 같았던 어린 시절의 꿈을 떠나보내는 과정이다. 또 어떤 잘못도 용서받고 어떤 나쁜 일이 일어나도 누군가 해결해 줄 것이라는 어릴 적 기대를 포기하는 과정'이라고 한다. 그러니 어른으로 산다는 것은 삶의 바다에 홀로 맞서야 하는 외로움이고 곤고함이다. 글썽글썽 씨방처럼 부풀어 오르는 서글픔이다. 그렇지만 나이 든다는 것이 결코 슬픈 일만은 아니다. 그

것은 삶을 깊게 이해함으로써 인생에서 진정 중요한 것이 무엇인지를 알게 하기 때문이다.

진정한 어른은 자신이 사랑스럽고 가치 있으며, 세상에 하나뿐인 존재이고, 어떤 상황에서도 흔들리지 않을 자기 정체성이 있음을 믿는 사람이라고 한다. 거기에는 물론 강인한 의지와 생각을 궁글리고 시들지 않는 열정이 달려 있어야 한다. 어떤 위협, 어떤 두려움 앞에서도 결코 멈출 수 없는 끓어오르는 열정이 있어야 한다. 무엇보다 여름날 엿처럼 끈적거리며 달라붙는 집착으로부터 벗어날 수 있어야만 한다. 그래야 단풍 들어 붉고 곱게 물드는 것이 고마운 일이란 걸 느끼며 아름답게 나이 들어 갈 수 있을 것이다.

놀빛에 닿은 강물이 내 맘처럼 붉다. 누군가는 나이 들어 맘이 붉으면 몸이 힘들다고 했다. 붉은 마음으로 살면 몸이 고단하고, 붉은 마음을 버리면 삶이 권태로운 것, 그것이 인생의 딜레마라 했던가. 감성의 우물을 채워 영혼의 밝은 우물을 갖지 않고 무엇으로 감히 삶의 권태로움을 이길 수가 있겠는가. 나이 들수록 향기롭고 단아한 품격을 갖되 섹시한 감성을 유지한 채 늙고 싶다. 지금 한창인 능소화처럼 고혹적인 아름다움으로 자연의 한 풍경이 되고 싶은 마음. 이것 또한 나이 들어 끈적이는 집착인지 모르겠다.

지금 세상은

지금 세상은
습도 높은 무더위로
떠있습니다.

여기저기서
몸이 축나는 소리
몸살이 돋았습니다.

눈물 찔끔 날 정도로
까슬까슬한 가을 햇살이
그립습니다.

당장 그 가을로
건너가고 싶습니다.

소요유(逍遙遊)

말복 입추 지나 확연히 달라졌다. 그러고 보면 절기라는 것이 참 묘하다. 어느새 찐득거림은 사라지고 하늘 빛깔은 물론, 아침저녁으로 이는 바람에는 가을이 담겨 있다. 우연찮게 며칠 사무실을 떠나 있었다. 덕분으로 홀가분하고 영혼이 좀 더 자유로워진 느낌이다. 무슨 이유로든 어디론가 떠난다는 것은 설렘이고 해방감이다. 그동안 나를 떠나 온갖 데를 쏘다니던 마음이 진정한 나로 다시 돌아오는 시간이다. 낯선 곳에서 만난 인연, 머무른 순간, 마음에 스친 감정들 그 곁에서 해묵은 근심들은 가볍게 떨어져 나갔다.

좋은 사람을 만나는 것은 더할 수 없는 행복이지만, 공감을 일으키는 책을 만나는 것도 만만치 않은 기쁨이다. 출장 짐을 바삐 꾸리면서 책 한권 쿡 찔러 넣었었다. 새로 쓰는 장자라는 부제가 붙은 장자이야기〈장자, 영혼의 치유자〉다. 생뚱맞게도 변호사가 지은 책이다. 호텔에서 짬짬이 읽는 맛도 괜찮았다. 교묘한 말장난이나 헛된 사변이 없고, 칭칭 감아 놓은 관념의 거미줄도 없었다. 맑고 황연한 기운이 느껴졌다.

저자는 "지식의 길 위에 선 철학과 생명의 길 위에 선 종교 사이에 난 제3의 길이 바로 '장자의 길'이다!"며 "장자철학은 철학이면서 철학을 넘어서 있고, 종교이면서 종교로 오염되기 이전의 진리를 간직하고 있다"고 밝히고 있다. 1편에 바로 소요유(逍遙遊)가 나온다. 도가의 최고 어른이라 불리는 장자에 의해서 적립된 가치관이라고 할 수 있다. 첫 장부터 대붕을 등장시킨다. 길이가 몇 천리에 이르고 한 번 날면 태풍이 일어 남극으로 간다는 엄청난 스케일의 새를 등장시켜 세상사에 먼지들을 단번에 날려 버리라고 말한다.

장자가 말한 '소요유(逍遙遊)'에는 글자 어디를 뜯어봐도 바쁘거나 조급한 흔적이 눈곱만큼도 없다. 소(逍)자는 소풍간다는 뜻이고, 요(遙)자는 멀리 간다는 뜻이고, 유(遊)자는 노닌다는 뜻이다. 다시 말해 커다란 여유로움에 관한 이야기다. 한치 앞도 내다

보지 못하고 다람쥐 쳇바퀴 돌리며 바삐 사는 우리 삶을 다시 돌아보게 하는 강력한 메시지가 숨어 있었다.

진정한 소요유(逍遙遊)는 어떤 것에도 얽매이지 않는 자유로운 영혼의 삶이라고 한다. 길을 가듯이 어디에도 머물지 않고 어떤 목적지도 두지 말며 자유롭게 소요를 하라는 것이다. 그러나 곧이곧대로 하려면 현실적으로 어려운 일이다. 아마도 장자 사상의 중요한 특징은 인생을 쫓기듯 바쁘게 살지 말라는 뜻일 게다. 하늘이 내려준 삶을 그 자체로서 중히 여기고 감사하고 고마운 마음으로 살아야지, 하루하루를 마치 무슨 목적을 완수하기 위한 수단인 것처럼 기계적 소모적으로 대해서는 안 된다는 것이다.

이 일 저 일에 치여 바삐 살다 보면 차분히 생각할 여유가 없다. 마치 수명이 다 된 건전지처럼 에너지가 고갈되어 나 자신을 추스를 시간조차 갖기 어렵다. 그러다가 막상 혼자가 되었을 땐 막막함과 공허함에 마음 둘 길 없다. 그래서 습관적으로 텔레비전 전원을 켜거나 스마트폰에 매달려 시간을 허망하게 날려버리기 일쑤다. 겨를 있는 마음과 스스로를 돌아보고 또 다른 나를 발견하는 삶을 살아야 할 이유다.

매미소리 증발하고 저녁놀빛 가득 받아 저무는 산의 얼굴이 불콰하다. 저 멀리 금강 물에 번지는 놀빛이 소홀한 마음에 자꾸 닿으려 한다. 무심한 마음으로 노을을 만지며 동그랗게 걸어 본다. 이 또한 행복한 소요유(逍遙遊)는 아닐까 생각하면서.

2014. 8

당신의 마음

피고 지고
피고 지고
피고 지면서
목숨은 피어나는 데

하늘 못처럼 깊은
당신의 마음은
알 길이 없어요.

한여름 단상

흐지부지하던 장맛비. 오락가락 하다말고 이렇게 장마가 끝나려나 보다. 뜨거운 햇살 장엄하게 솟아오르더니 아침부터 푹푹 찐다. 이제 본격적으로 더위가 시작되려는 모양이다. 오랜 기다림, 짧은 생을 맘껏 불태우겠다고 작정하고 달려든 매미들이 한껏 울어 젖힌다. 점심에 잠깐 읍내 나가는 길. 강하고 투명한 햇살이 작렬하고 하늘엔 뭉게구름 덩이덩이 어울렁 더울렁 흘러가는 한여름 날의 진풍경. 떠다니는 구름이 그저 부럽기만 했다. 덩달아 어디론가 떠나고 싶어졌다.

이제 학교마다 방학이고, 바다로 산으로 해외로 여름휴가가 절정이다. 어디론가 떠나는 것은 내면의 기갈 때문이라고 한다. 영혼의 굶주림, 정신의 목마름을 채우려는 현재의 삶의 법칙에서 새로운 법칙을 발견하고자 하는 갈증이란다. 그래서 여행을 새로운 생활의 산파라고도 한다. 이진명 시인은 '여행'이라는 시에서 '여행은 넘어감(유월逾越)을 경험하는 것이라고 했다. 그는 여행을 돌아오지 않는 것들에 대한 희미한 기억과 불투명해진 과거의 추억 속에서 삶이 비록 눈부신 것일지라도 편도여행이다.'라 했다. 그러나 일반적으로 여행의 끝은 돌아옴에 있다. 그 덕에 우리는 짐을 꾸려 어디론가 떠날 수 있는 것이다. 삶은 엑소더스와 복귀라는 오이디푸스적 자기귀환 과정을 끊임없이 반복하는 것이라고 볼 때, 여행은 편도가 아니라 삶의 왕복 길이라 하는 것이 더 맞을 성 싶다. 자신을 둘러싼 우주를 탐색하면서 다시 자신 안의 우주를 탐색하는 과정이다.

생각해 보면 인생이란 머언 여행이다. 우리는 날마다 걷고 또 걸어서 어디론가 가고 있는 중이다. 사람이란 나이가 들수록, 고독이 커질수록 울고 싶을 때가 많아진다. 그런데 근사하게 울어 제낄 기회는 많지 않다. 오히려 눈물샘에서 넘쳐 나오려는 눈물을 악물고 삼키려고만 한다. 울음은 가식 없는 진실한 표현을 소리로 풀어내는 일종의 카타르시스다.

대전으로 통근하던 때가 있었다. 힘들고 지치고 참 어려웠다. 지금 다시 그렇게 하라면 도저히 해낼 수 없을 것 같다. 근원을 알 수 없는 가슴 뻐근함으로 힘들 때마다 퇴근길가에 차를 세우고 원없이 목 놓아 울곤 했다. 소리 내어 실컷 울고 나면 속이 시원해졌다. 그 어떤 것도 다 이해할 수 있게 되고, 사랑도 커지고 마음은 온 우주를 다 품을 수 있을 것만 같았다. 지치고 힘들 때 어디론가 여행을 떠나는 것은 좋다. 그러나 어디론가 떠날 수 없다 해도 이 여름 한번 쯤, 시원스레 울 수 있다면 삶의 무게를 덜어 낼 수 있다.

절정의 이글거림, 이 또한 지나갈 것이다. 머지않아 아침 햇살은 여름 햇살이고, 바람은 가을바람이고 매미소리는 여름인데 하늘은 가을인, 여름과 가을이 공존하는 묘한 매력 속에 살게 될 것이다. 천둥번개, 태풍과 폭우, 불볕더위, 고개 숙이는 법, 그 뜨거웠던 여름날 여행을 기억하면서.

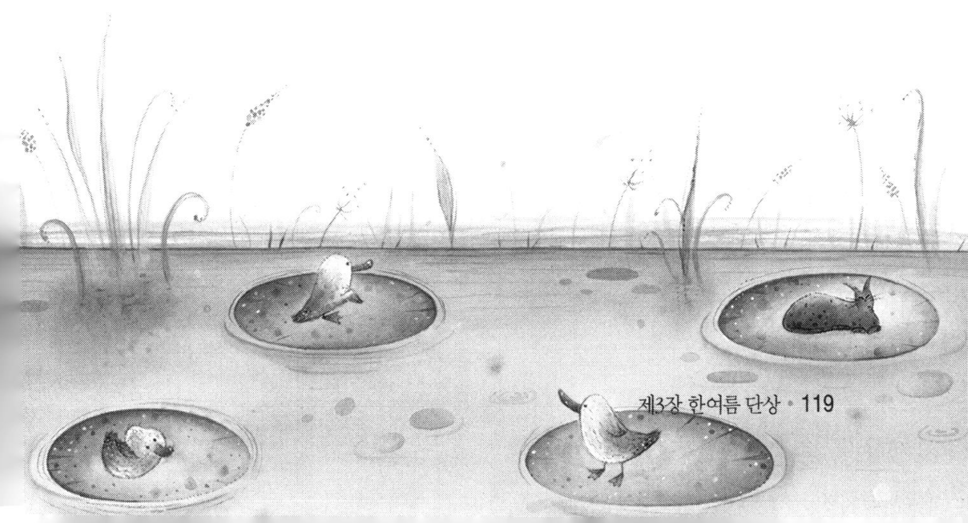

지열이 아지랑이로 피어오르는 한여름 날. 숨이 탁탁 막혀 온다. 오늘도 작렬하는 여름 태양처럼 정열적인 그런 삶 살아야겠지. 명징하고 선명하고 또렷하게. 시뻘건 노을이 산중턱에 엎질러져 뉘엿대는 풍경을 바라보면서 내 영혼을 목 놓아 뜨겁게 울어 보고 싶다.

2014. 7

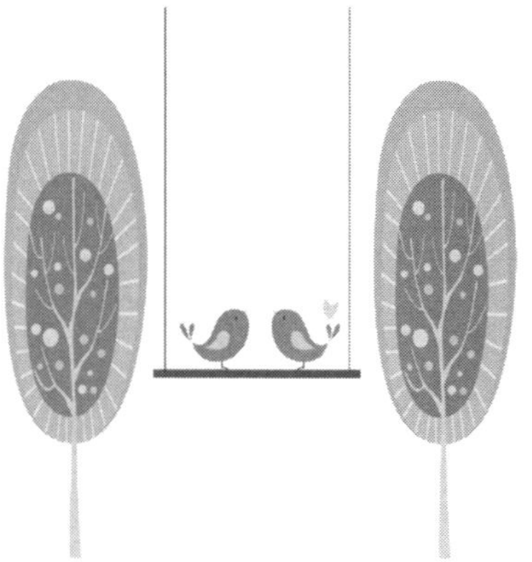

무제

오래된 유행가처럼
어디선가 한 소절
바람이 불어옵니다.

오늘은 칠월칠석
견우와 직녀가 만나는 날
생각하니
그냥 눈물이 납니다.

사막을 통과하는 바람처럼
뜨거운 목울대로 그렇게
함께 울고 싶습니다.

4장

만추의 길목에 서면

높아진 하늘. 유리알처럼 투명한 햇살이 세상을 무균 처리하는 청명한 가을 한낮이 너무 좋다. 파란 하늘에 잘디잔 흰 구름이 정말로 황홀하다. 거기다가 소슬한 바람은 찰 내음으로 그리움을 부추긴다. 산은 산대로 들은 들대로 풍성하고 아름답게 발맞춰서 찡하게 가을이 익어가고 있다.

훈훈한 이야기

'시월에 어느 멋진 날에' 노래로 시작했던 10월이 얼마 남지 않았다. 시간은 스멀스멀 재빠른 속도로 잘도 빠져나간다. 어느새 황금들판이 수확을 서두르고 있다. 소리 내어 부르지 않아도 이른 새벽 강가 갈대가 바람을 불러오고, 알록달록 고운 빛. 은빛 억새꽃. 사방이 온통 가을 수채화다.

깊어진 가을. 한 번쯤 허리 숙여 국화꽃 향기를 맡고, 고개 들어 파란 하늘을 올려다볼 일이다. 하루가 멀다 하고 좋지 않은 뉴스로 넘쳐나는 세상이다. 그런 와중에도 훈훈한 미담들이 이어지고 있어 허전해진 마음이 황금들판처럼 풍성해지고 환해진다. 우리 사회를 지탱해주는 힘이고 희망이다.

화장품 브랜드 '빌리프(Belif)'가 제작한 "당신은 정직한가"란 제목의 실험 유투브 영상이야기가 화제가 됐다. "꽤 괜찮은 선물과 꽃이 담긴 쇼핑백, 주인은 없다. 그 앞에 당신은 정직한가?"라고 묻는 실험 영상이 눈길을 끌었다. 실험은 서울의 지하철 안에서 이뤄졌으며 이들은 일부러 주인 없는 종이가방 100개를 놓아둬 몇 개나 돌아오는지 지켜봤다. 종이가방 안에는 선물과 꽃이 들어 있고, 추후 위치 확인을 위한 GPS를 사람들 모르게 넣어 놨다. 100대의 열차를 타고 1호선으로 운반된 종이 가방은 몇 개나 남아 있었을까?

100개의 종이가방 중 단 6개만 다시 돌아왔다. 주인 없는 물건 앞에서 얼마나 정직할 수 있는지 확인하고자 한 실험에서 실망스러운 모습을 보게 된다. 하지만 생각지 못한 반전이 숨어 있었다. 다음 날, GPS를 통한 결과, 서울의 지하철 유실물 센터에 81개의 가방이 돌아와 있었다. 무려 87%의 정직으로 귀환. "우리는 정직하다. 당신은 정직하다" 라는 문구로 영상은 마무리 된다. 나라면 과연 어땠을까? 정직함에 대해 많은 생각이 들었다. 요즘 세상 이러니저러니 해도 우리 사회는 아직 정직하다.

늘 꼴찌만 하던 친구를 위해 잠시 멈춰선 아이들. 손잡고 모두가

1등 도장을 받은 감동의 운동회 이야기다. '눈물 나게 고마운 사진' 이라는 제목으로 올라 온 한 장의 사진이 인터넷을 뜨겁게 달구었다. 공개된 사진 속에는 아이들이 모두 손을 잡고 일렬로 결승선을 통과하고 있다. 이는 몸이 불편해 늘 꼴찌만하는 친구를 위해 아이들이 모두 손을 잡고 결승선에 통과해, 꼴등 없는 달리기 대회를 만든 것이다. 눈여겨볼 대목은 그 다음이다. 자신을 사진 속 주인공의 큰 누나라고 밝힌 글쓴이는 "제 동생은 연골무형성증이라는 지체장애 6급으로 매년 가을운동회 달리기는 상처가 되는 날이었다. 그런데 올해 6학년 운동회 때는 매번 꼴찌를 하고 실망하는 동생을 위해 친구들이 동생 몰래 준비한 선물이었다."고 전해 감동을 자아냈다. 흐뭇한 이야기를 접하면서 '당신이 있으므로 내가 있습니다' 아프리카 부족의 인사말인 '우분투'가 떠올랐다.

제자들을 울린 선생님의 졸업고사 마지막 문제 이야기. SNS에 고3 학생이 올린 졸업고사 마지막 문제 사진. 문제는 이렇다. '다음은 사회인이 되기 위한 기본 상식문제이다. 빈칸을 알맞게 채우시오.' 이 문제는 고등학교 학업을 마치고 대학 또는 사회로 나가는 제자들을 위해 선생님이 만든 깜짝 이벤트였다. 여섯 문항의 괄호 안에 정답을 문장으로 이으면 '삼 년간 수고했다.'가 된다. 보는 사람의 입가에 미소를 짓게 하는 이 문제는 당시 정답을 맞힌 학생들의 코끝을 시리게 했다는 후문이다. 센스 있는 선생님 덕분에 입시를 위해 3년 동안 힘겹게 달려온 학생들에게 잔잔한 감동을 건네 준 것이다.

창밖의 파란 하늘. 흔들리는 억새 사이로 흐르는 바람과 노을. 참으로 아름다운 가을날. 훈훈한 이야기들 속에 숨겨진 희망을 다시 읽는다. 세상은 살만한 곳이다. 축 늘어진 빨래처럼 후줄근해진 우리네 삶이 가을하늘처럼 맑아지고 이렇게 흐뭇해지니.

2014. 10

안부

잠 못 이룬 파란 새벽
시린 가을하늘이 쏟아집니다.

뒤란에서 울던 풀잎들도
이슬에 젖어 쓸쓸합니다.

오늘도 소식 없는
네게 닿지 않는 길

너 있는 곳으로
뿌리를 뻗어 안부를 묻습니다.

깊어간다는 것

'멈칫멈칫 다하지 못한 사연 푸른 하늘 등에 업고 할랑할랑 피었습니다. 하늘을 마시고 달을 삼킨 향기. 당신은 피해갈 수 없는 아득한 전생 나의 운명. 시월 날마다 그리운 추억의 초원 이슬방울 문 채로 흔들립니다.' 지난해 페이스 북에 사진과 함께 올렸던 '구절초 연가' 습작 시(?)다. 가을비 한 차례 다녀가더니 더욱 또렷해진 단풍은 사람들을 물들인다. 붉게 물들여보지도 못한 삶이 쓸쓸하게 저물어 간다. 허전하고 쓸쓸하여 찻물을 올려놓고 먼 산 바라기를 한다. 이 가을 잘 견디고 있느냐고 구절초 꽃잎에 부치지도 못할 마음의 엽서를 누군가에게 다시 쓴다.

시월 중순쯤이면 하는 일이 있다. 곶감 켜기와 국화차 만들기다. 그런데 무슨 연유였는지 두어 년 그 일을 거른 채 보냈다. 십여 년 전에 심은 월하 아기 감나무가 친정집 대나무 밭 크기를 훌쩍 넘겨 존재감을 드러내기 시작한 지가 얼추 이삼 년은 됐다. 올해는 둥글고 환한 감을 최고로 많이 매달았다. 그래서 무슨 일이 있어도 그냥 보내지 않으리라 마음먹었었다. 차일피일 미루다가 지난주 남편과 아들이 달려들어 감을 따 주고, 친정엄마와 나는 딱딱한 것으로만 골라서 열심히 깎았다. 둥글게 둥글게 잘 깎여진 감들을 이어 놓으니 그 이상 아름다운 꽃이 없다. 지금 그 꽃들은 달콤한 곶감으로 변신중이다.

친정집 담벼락에 수줍게 피어난 달걀노른자 같은 국화꽃잎을 따서 국화차를 만들었다. 해마다 서툴게 차를 만들면서 느끼는 것은, 차와 하나 되기가 쉽지 않다는 것이다. 전문 시설이 있다면 더욱 좋은 차를 만들 수도 있겠지만, 형편대로 소박하게 할 뿐이다. 꽃의 모습을 찬찬히 살피며 향을 즐긴 후, 꽃잎을 딴다. 그 꽃잎들을 뜨거운 수증기로 쪄낸다. 그런 다음에, 서늘한 그늘에서 말리기만 하면 국화차가 완성된다. 그렇게 만든 꽃잎에 어느 날 뜨거운 물을 부으면 국화향이 얼굴을 어루만지듯 스치며 꽃잎 딸 때 제 모습으로 다시 새록새록 피어나는 기쁨을 누릴 수 있다.

불혹의 나이에 접어들면서 차를 만들기 시작했다. 봄이면 감잎차 뽕잎차를, 가을이면 으레 국화차를 만들곤 했다. 그윽하게 우려 마시면서 한 단계 더 높은 삶을 살고자 하는 야무진 꿈을 꿨었다. 차를 마시면 은근한 향이 입안에 감돈다. 그렇듯이 내 인생도 그렇게 여운이 오래 남는 향긋하고 깊은 맛을 낼 수 있었으면 좋겠다는 생각을 하곤 한다.

서툴게 만드는 차지만 차를 만드는 일은 인생을 살아가는 것과 많이 닮아 있다는 생각이 든다. 차 만드는 일은 정성이다. 고운 잎 따서 수증기로 찌는 일, 갈무리할 때는 건조하게, 끓일 때에는 청결하게 해야 한다. 정성스럽고, 잘 말려 습하지 않게, 청결하게 하면 다도(茶道)는 다한 것이다. 우리 삶도 마찬가지일 게다. 삶의 경영이 결코 녹록하지 않을지라도 담담히 나아가는 것이 다도(茶道)처럼 인생을 살아내는 맛이 아닐까.

뜨거운 물만 부으면 달금한 국화향이 집안을 가득 채운다. 깊고 푸른 이 좋은 날들. 더 이상 바랄 게 없다. 이제 조용히 차가 지닌 성품대로 차를 즐기는 일만 남지 않았는가. 까만 어둠에 덮인 밤하늘 은하의 별들이 두런두런 가을을 어루만지고 달무리에 갇혀버린 달이 어둠을 밀어내는 밤. 듬벙 듬벙 그렇게 가을은 깊어간다.

2014. 10

바다

바람과 나무 사이에
아득한 바다가 누워 있다.

허청대는 이곳으로 밀물이 밀려들고
네가 짚고 간 길 따라 썰물로 스며간다.

시린 가을 하늘빛 닮은 바다
파도가 들려주는 이야기를 듣고 싶다.

치매 엄마의 보따리

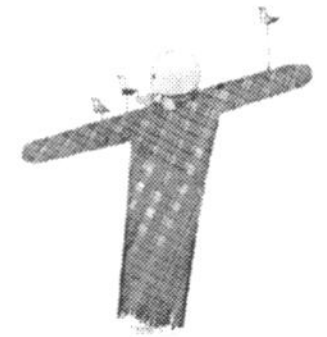

높아진 하늘. 유리알처럼 투명한 햇살이 세상을 무균 처리하는 청명한 가을 한낮이 너무 좋다. 파란 하늘에 잘디잔 흰 구름이 정말로 황홀하다. 거기다가 소슬한 바람은 찰 내음으로 그리움을 부추긴다. 산은 산대로 들은 들대로 풍성하고 아름답게 발맞춰서 찡하게 가을이 익어가고 있다.

아름답고 찡한 것이 어디 가을뿐일까. 지난 주 어느 '치매 엄마의 보따리' 사연이 온라인을 달궜다. SNS에서 마주친 사진 앞에 가슴이 뭉클하고 눈시울이 뜨거워졌다. 부산지방경찰청 페이스북에 '치매를 앓는 엄마가 놓지 않았던 기억 하나'라는 제목으로 올라온 사진 때문이었다. 엉성하게 묶여진 허름한 보따리였다. 제목과 사진을 번갈아 보노라니 오래전에 읽은 신경숙의 소설 '엄마를 부탁해'가 오버랩 됐다.

부산지방경찰청은 "한 시간째 왔다 갔다, 할머니 좀 이상해요"라는 신고를 받고 출동한 부산 서부 아미파출소 경찰관들이 할머니에게 이것저것 여쭤보니 "우리 딸이 애를 낳고 병원에 있다"는 말씀뿐이라고 사건을 소개했다. 이어 그런데 정작 자신의 이름도, 딸의 이름도 기억하지 못하고 보따리만 하염없이 부둥켜안고 있었다. 경찰은 슬리퍼 차림인 할머니가 인근 주민일 것이라고 판단해 사진을 찍어 동네에 수소문한 끝에 할머니를 아는 이웃이 나타났다고 전했다.

경찰은 이웃의 안내로 딸이 입원한 병원으로 할머니를 모셨다. 할머니는 갓난아이와 함께 침대에 누운 딸에게 보따리 안에서 식어버린 미역국, 나물반찬, 흰 밥을 내어 놓으며 "어여 무라"(어서 먹어라)라고 말했다고 전했다. "어여 무라"라는 할머니 말에 병실은 눈물바다가 되었다고 한다. 잘 매여지지도 않은 허술한 보따리 안에는 다 까먹어도 잊을 수 없는 가슴 먹먹한 어머니의 사랑이 담겨 있었던 것이다.

나이 한 살씩 생애에 얹으면서 어머니라는 단어만큼 울림이 큰 단어가 또 있을까? 있는 듯 없는 듯 서 있어도 터지는 실밥처럼 마음이 투두둑 터지는 존재가 바로 어머니다. 허박한 치매 엄마의 보따리 사연에 큰 숨 내몰아쉬며 심장을 박음질하느라 혼이 났다.

해안도로 목 백일홍 잎사귀에도 고운 빛깔의 가을이 내려앉았다. 처연한 아름다움으로 가을하늘을 이고 있는 목 백일홍에서 뭉클한 어머니를 다시 읽는다. 친정 엄마와 아래 위 집에 산 지 벌써 이십여 년이 다 되어간다. 늘 가까이 있다는 이유로 그 소중함을 잊어버리는 일이 종종 있다. 지천명을 넘어서고도 세상사 힘이 들 때는 언제라도 다시 어린아이로 돌아갈 수 있게 해주는 타임머신 같은 엄마가 늘 곁에 계셔서 참 좋다.

2014. 9

너머

머언 하늘 끝으로
목이 꺾인 채 해바라기 삶 살아도
너는 답이 없다

찢어질 듯 팔 벌린 저 동구나무
으스러지게 허공만 껴안을 뿐
너는 답이 없다

울타리에 매달려 울던 나팔꽃
너머의 나는 잘 있는지
무성했던 여름날의 기억
잎새를 하나씩 하나씩 벗는다

그리움이 머문 곳 불갑사

누군가는 말했다. “지나고 보면 아름다웠다 싶은 것 두 가지가 있다. 하나는 여행이고 다른 하나는 청춘이다.” 라고. 그런데 이 둘은 진행 중일 때는 그 아름다움과 소중함을 잘 느끼지 못한다. 시간이 흘러서야 비로소 그리움이 깃든 추억이 된다.

개천절을 낀 황금연휴였다. 빡빡한 직장생활에서 잔잔한 여백을 즐길 수 있는 쉼표가 있는 것이 얼마나 다행인지 모른다. 새해가 되면 어김없이 기대하는 일이기도 하다. 까만 숫자 사이를 비집고 나란히 서 있는 빨간 숫자들은 그 자체만으로도 어깨가 가볍고 여유롭다. 설레고 기다려지는 일이다.

이번 연휴에도 어딘가로 떠나지 않으면 안 될 것 같은 말간 가을날이 연속되었다. 덕분에 모든 일 밀쳐두고 무작정 코스모스 한들거리는 국도 따라 눈길 닿는 곳에 멈춰서 가을바람을 멀미나도록 마셨다. 공기 중에 있는 모든 축복이 몸속으로 들어와 세포 하나하나에까지 퍼지는 그 느낌을 무어라 표현할 수 있을까.

연휴 마지막 날은 그리움이 머문 곳. 상사화 붉은 파도 끝에 있는 불갑사로 향했다. 골골 억새강이 흐르고 고개 숙인 황금빛 들판 따라 먼저 법성포에 들렀다. 가을 햇살 박힌 굴비들이 짭조름한 바람에 매달려 익어가고 있었다. 불갑사 가는 길은 정갈하고 예뻤다. 주변 일대가 불법을 전한 마라난타의 마음이 붉게 타올라 물들었음을 알리는 흔적만이 고즈넉이 남아 있었다. 그간의 업장을 사르고 붉은 꽃대를 올렸으리라. 못 견디게 생각이 떠나지 않는 그런 날이 있다. 바람이 지나다 만져주는 기억 저편으로 밀려드는 그리움이 가던 길을 멈춰 서게 했다.

이루어질 수 없는 사랑이란 꽃말을 가진 상사화에 대한 전설은 여기저기 피어 있다. 이야기 속 주인공들은 다 다르지만 내용은 유사하다. 불갑사 상사화도 그렇다. 토굴 속에서 수도하던 스님과 불공을 드리러 온 처녀의 이루어질 수 없는 사랑. 잎은 꽃을 보지 못하고, 꽃은 잎을 보지 못하는 상사화. 잎이 죽어야 꽃을 피우니 잎과 꽃이 어찌 만날 수 있으랴. 이들의 못다 핀 그 사랑을 기억하며 상사화라 이름 하였다 전해 온다.

인도 간다라 출신 마라난타가 법성포로 들어와 창건한 것으로 알려진 불갑사는 불갑산 자락에 포근히 안겨 있었다. 번뇌와 흐트러진 마음이 부처님의 세계로 들어간다는 일주문을 지나니 현존하는 목조 상으로는 국내에서 가장 크다는 사천왕상이 버티고 있어 든든했다. 맨 뒤에 자리한 대웅전 불당의 방향이 정면이 아닌 측면을 향해 있는 것이 다른 절과는 판이했다. 세월이 흐르면서 규모는 작아졌지만 옹기종기 앉아 있는 건물 곳곳에는 불교를 이 땅에 전한 최초의 사찰이라는 자부심이 깃들어 있었다.

그리움이 머문 곳에 가슴으로 남는 느낌 하나 사뿐히 자리 잡는 빛 고운 가을날이었다. 가을 건너가는 소리, 낙엽 지는 소리 점점 선명해질 즈음 다시 오리라 귀띔 하고 돌아오는 길. 투명한 햇살을 받아 빛나는 나뭇잎과 그 아래에서 숨죽인 채 나뭇잎의 밝음을 받쳐 주는 그늘이 함께 있어 더 아름다운 불갑사의 그리움이 붉은 노을로 물들고 있었다.

2014. 10

상사화

내가 밤이 되면
너는 낮이 되고

내가 낮이 되면
너는 밤이 되는

둥글고도 모진
숨바꼭질 세상

너와 나는
영원히 슬래다

이 가을엔

9월 들어서며 총 총 총 바빴다. 짧은 인연이었다. 정들기 시작했던 사람들과의 마음 정리가 생각보다 쉽지만은 않았다. 덜컥 새 임지에서 익숙지 않은 삶에 뒤뚱거렸다. 함께 있을 때는 그 귀하고 좋은 줄을 모른다. 떠날 때야 비로소 아쉬움을 느끼게 된다. 사는 게 다 그렇다.

어느 책에서 보니까 달맞이꽃이 어스름 달빛에 찾아올 박각시나방 기다리며 봉오리 벙그는 데 17분. 꽃잎 활짝 피는 데 3분이 걸린다고 한다. 20분이 달맞이꽃에게는 한 생인 것이다. 그 무엇에겐 한 생(生)이기도 한 그런 시간의 소중함을 느낀다. 그러니 6개월이라는 시간이 결코 짧은 인연만은 아니다. 사계절을 네 번이나 보낸 곳에서 떠날 때도 그렇지는 않았다. 그런데 짧은 인연 앞에 눈물이 났다. 좋은 사람들을 만나게 해준 선물 같은 짧고도 긴 시간이었다.

추석 대체휴무일 덕에 덤으로 얻은 시간이다. 오랜만에 고개 들어 하늘을 본다. 하늘이 투명하고 높아졌다. 아무리 봐도 싫증나지 않을 성 싶다. 늘 거기 있는 하늘, 그러나 늘 같지 않은 하늘. 그곳에서 금빛 햇살이 쏟아지고 있다. 목 빳빳하게 세웠던 벼 이삭들이 누렇게 고개를 숙여 가고 있다. 도처에 웅크리고 있던 음습하기 그지없던 습기들이 모두 증발됐다. 그 많던 하루살이들은 다 어디로 갔을까. 홀연히 당도한 가을 앞에 새삼 궁금해졌다.

올 추석엔 슈퍼 문이 떴다. 솔솔 바람 불어 좋던 날. 긴 산 그림자 위로 창백하게 떠올랐던 그 초승달이다. 열사흘 시름시름 밤을 앓던 기다림을 올올이 풀어 내리어 환한 슈퍼 등을 켰다. 손에 잡힐 듯이 걸려있던 휘영청 크고 밝은 보름달. 산을 넘고 아파트 지붕을 넘어 아득한 도로 위로 따라오며 미소 지었다. 샛길로 한 십리 그렇게 무심히 달빛과 함께 걷고 싶었다.

문득 이해인 수녀님의 '보름달에게' 싯귀가 떠올랐다. '네 앞에 서면 늘 말문이 막힌다. 사랑하는 마음이 가득 차오르면 할 말을 잊는 것처럼 너무 빈틈없이 차올라 나를 압도하는 달이여. 바다 건너 네가 보내는 한 가닥의 빛만으로도 설레이누나. 내가 죽으면 너처럼 부드러운 침묵의 달로 사랑하는 이들의 가슴에 한 번씩 떠오르고 싶다.'

추석 지나고서야 비로소 마음의 여유를 찾아 해안도로를 한 바퀴 돌아봤다. 줄지어 선 배롱나무들. 한여름 내내 화사하게 달고 있던 귀고리들이 거의 떨어져 나가고 처연한 무늬만 남아 있었다. 더욱 파래진 바다는 매기 추억처럼 날아와 파도 한 줌 베어 물고 꿈처럼 흩어졌다. 언제부터인지 내 안의 주파수도 몰라보게 강렬해졌다. 이제 가을은 그렇게 그 사람의 눈동자처럼 깊어만 갈 것이다.

살아간다는 것은 무엇엔가 목 놓아 의지하고 싶은 몸부림인지도 모른다. 때로는 놓아주고 보내주는 강 같은 것이다. 새 옷을 갈아입은 이 자리에서 때때로 누군가에게 희망을 촘촘 재생시켜 주기도 하고 구겨진 자존심도 반듯하게 세워 돌려주면서 그렇게 살고 싶다. 안으로 안으로 고개 숙이는 계절. 바람과 구름과 태양의 비밀을 잉태한 생명들이 우루루 탄생되는 이 가을엔 내가 네게로 흘러가고, 네가 내게로 흘러가듯이 말랑말랑하고 서로의 살을 뚫고 삼투하듯이 그렇게 흘렀으면 좋겠다.

2014. 9

산국

햇살 고운 가을날
떠나간 첫사랑을 기다리는 너처럼
지는 듯 마는 듯
쓸쓸한 이슬방울 떨군다.

기다릴 뉘 없어도
빈 하늘 향해 숨죽여 애태운 시간들
그대 앉은 자리
지천이 노란 설움이다.

만추의 길목에 서면

하늘이 발목까지 내려오는 가을비 그 놈이 한차례 진하게 다녀갔다. 덕분으로 가을은 더 깊어졌다. 삶의 무게도 그만큼 두꺼워진다. 가을비 속으로 시월의 마지막 날을 떠나보내고 십일월을 얼떨결에 맞이하고 보니 벌써 한해를 마무리하는 시기가 됐다. 또 한 해가 이렇게 가는구나. 허탈하기도 하고 뭔지 모르게 쫓기는 듯한 마음이 앞선다.

곳곳이 만추 창연하다. 단풍이 드는가싶더니, 낙엽 지는 소리가 가슴으로 스민다.

'길은 강을 따라 흐르고 여행자는 길을 따라 걷는다'라고 했던가. 깊어진 가을 길목에 서면 어디론가 무작정 떠나고 싶어진다.

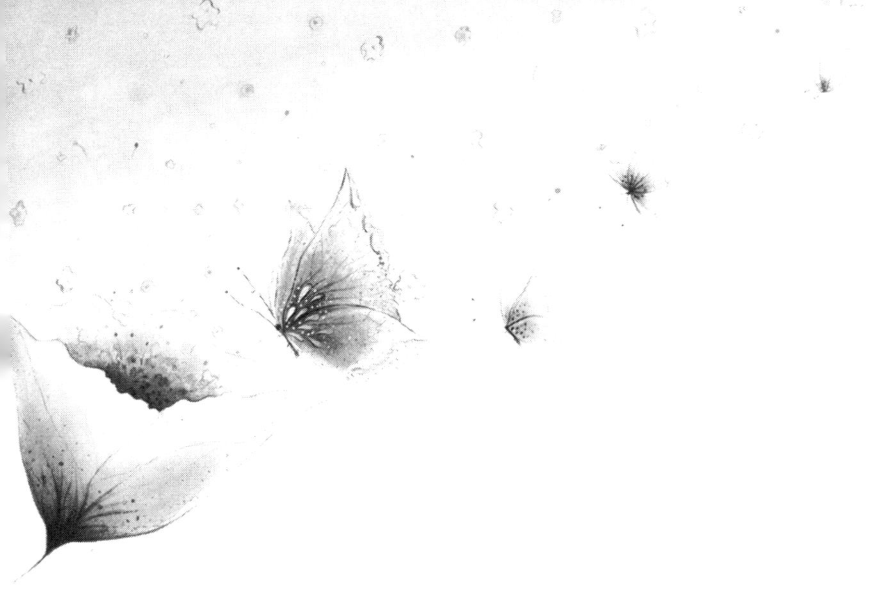

뉴욕, 센트럴파크의 가을이 그렇게 아름답다고 한다. 가보지는 못했지만 그 가을을 배경으로 오십을 바라보는 중년 총각과 어린 연인과의 애절한 사랑을 그린 영화가 어렴풋이 기억난다. 제목도 잘 생각나지 않지만 사랑과 지나는 세월, 가는 계절을 아쉬워하는 가을 풍경화 같은 영화였던 건 틀림없다.

가을이 깊어지면 생각나는 시가 있다. '이렇게 가을이 가는구나 / 아름다운 시 한편도/ 강가에 나가 기다릴 사람도 없이/ 가랑잎에 가을빛같이/ 정말 가을이 가는구나…'로 이어지는 김용택 시인님의 '가을이 가는구나' 다. 수많은 시간들이 손바닥으로 움켜쥔 물처럼 다 빠져나간 뒤 허탈하게 삶을 뒤돌아보게 하는 그런 시다.

돌아볼 수는 있어도 돌이킬 수 없는 것이 시간이다. 이 시를 보노라면 늦가을 해가 뉘엿뉘엿 바다로 지는 시간처럼 모든 것이 쓸쓸해 그냥 멍하니 있게 된다.

어릴 때부터 꿈이 있었다. 어른이 되면 무슨 일이 있어도 커다란 창이 있는 집에서 살고 싶다는. 그 꿈 때문이었을까. 십여 년 전에 손바닥만한 집을 지을 때도 규모에 맞지 않는 큰 창을 내고야 말았다. 차 한 잔 마시기 위해 창 앞에 나를 세우면 널찍한 창으로 자연이 사시사철 들어와 함께 해주곤 했다. 창이 건물의 꽃이라지만 시간이 흐르면서 그건 너무 큰 그리움이었다. 이젠 이런저런 이유로 창을 줄이고 싶어졌다. 큰 창 앞에 서면 해부된 개구리처럼 내 속이 다 보여지는 것 같은 것도 그런 이유 중 하나다.

선천적으로 계절 바뀜에 대단히 민감한 유전자를 타고 난 것 같다는 생각을 하곤 한다. 남다르게 첨가된 이스트와 같은 그런 알 수 없는 이물질이 몸속 어딘가에 숨겨져 있어 가을이면 부풀대로 부풀어 더 힘들고 아플 때가 많다. 이 나이를 먹어도 사이에 있는 것들, 쉽게 바뀌는 것들, 덧없이 사라지는 것들에게 여전히 마음을 빼앗기고 휩쓸릴 때면 살아온 절반의 인생이 흐릿해지면서 그동안 허공 속으로 흩어진 숨결들이 궁금해지곤 한다.

언제나 마음이 문제야. 마음이 중요한 것이지. 중요한 건 마음이라고 수없이 되풀이하며 살아가면서도 아직 그것에 대해 잘 모르겠다. 낙엽 지는 소리는 나이가 들수록 더 크게 들린다. 귀가 밝아지는 것이 아니라 가슴으로 느끼는 소리다.

감나무 가지 끝에 인심으로 남겨둔 몇 알의 감이 선연한 진홍빛으로 빛난다. 노란 빛 은행나무 잎새들 시름인양 바람에 고전 분투하는 늦가을 품새. 짙은 가을 색을 가득 품은 산이 토해내는 쓸쓸하면서도 달콤한 향기. 되돌릴 수 없는 시간들에 대한 아쉬움이 가슴 가득 안겨온다. 보고 싶어도 볼 수 없는 이들을 향한 그리움이 된다.

2014. 11

11월 산책길에서

사랑한다는 말 못하고
길가에 선 단풍나무
그 길가 서서
그대 사는 땅을 생각하는 걸 보면
내 속에 흐르는 피는
비린내가 나는가보다.
그대의 손에 흐르던 온기를 기억하며
11월 산책길에서 당신을 읽는다.

나무 같은 사람

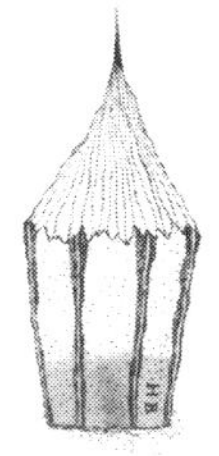

최근 모 일간지를 뒤적거리다가 '나를 흔든 시 한줄' 이라는 타이틀에 눈길을 잡혔다. 배우 강부자를 흔든 시는 이기철의 '나무 같은 사람'이었다. '나무 같은 사람 만나면 나도 나무가 되어 그의 곁에 서고 싶다. 그가 푸른 이파리로 흔들리면 나도 그의 이파리에 잠시 맺는 이슬이 되고 싶다.'로 이어지는 시다. 감상 글은 짧았지만 강렬함으로 다가왔다. 세월과 생활 앞에 한동안 잊고 살다가 우연히 만난 이 시 앞에서 그녀는 눈이 번쩍 뜨였다고 한다.

몇 년 전부터 글줄이나 써 보겠다는 요량으로 시를 읽기 시작했다. 이젠 지나칠 수 없는 일과가 돼버린 지 오래다. 아무리 바빠도 단 한 줄의 시라도 만나야만 하루를 보낼 수 있게 되었다. 그러다

보니 마음이 통째로 휘어지는 시를 만날 기회가 적지 않다. '나무 같은 사람'도 그런 시 중의 하나였다. 그 누군가에게는 문학소녀의 꿈을 되살려 준 시였다고 들었다.

나무는 어디에고 많다. 그러나 나무 같은 사람을 만나기가 어디 쉬운가. 누구 말대로 미남이나 얼짱은 넘쳐나도 믿음직스럽고, 무엇에도 쉽게 흔들리지 않는 나무 같은 사람 찾기가 쉽지 않은 세상이다. 물론 선부른 단정일 수 있다. 한번 뿌리내린 뒤로는 제 명을 다할 때까지 그 자리를 떠나지 못하는 나무 같은 사람. 웬만한 고통엔 아프다는 말 한마디 하지 않는 우직함을 지닌 사람. 제 모습을 땅 속에 감추고 일하는 뿌리 같은 사람. 그런 사람 만나면 옆에 서고 싶고, 기대고 싶어진다.

아주 오래 전 얘기다. 어느 날 생각지도 못했던 나무가 내 관심 안으로 들어왔다. 이파리들을 있는 대로 팔랑거리면서 손짓하는 자태로 나를 불러 세웠다. 그 이파리들의 손짓에는 깊이를 알 수 없는 따뜻함이랄까. 뭐랄까. 가로로 세로로 그 맘을 말 대신 표현하는 것처럼 보였다. 바라본다는 것은 또 다른 관심과 사랑. 관심 안에 들어온 것은 누구에게나 그만의 세계가 되기 마련이다. 맘 약하고 눈물 많은 시골뜨기 그냥 그대로 맘 놓아버렸었다. 그 날 이

후, 마을 어귀에서 수많은 사람들과 눈길을 주고받으며 사계절 내내 흔들림 없는 동구나무처럼 내 삶을 지켜주는 그런 나무 한 그루 살고 있다.

그게 어느 해였던가. 동구나무 아래 묻어 둔 슬픈 묵언들이 수세미 속같이 얽혀 몸살을 하던 가을날. 붉게 노랗게 토해내는 나무의 고해성사 앞에 그리움의 열병을 앓았었다. 가슴뼈를 활짝 열어 줄기줄기 뜨거운 수액이 도는 따뜻한 나무. 가로와 세로로 짜 늘인 넓은 나무 그늘 아래 숱한 밤을 애면글면했다. 손 끝 하나 닿을 수 없는 마음만 마주 뜨고 지는 아득히 먼 하늘에 노란 시월이 붉은 시월이 파도처럼 몰려왔었다. 다 옛 이야기가 돼 버렸다.

가을비 한 차례 다녀가더니 주변 모든 것들의 명암과 윤곽이 더욱 또렷해졌다. 가을바람으로 멀미가 나는 시월이 시작됐다. 시월엔 김동규의 '시월의 어느 멋진 날에' 노랫말이 입안에서 맴돌곤 한다. '창 밖에 앉은 바람 한 점에도 사랑은 가득한 걸 널 만난 세상 더는 소원 없어 바램은 죄가 될 테니까 살아가는 이유 꿈을 꾸는 이유 모두가 너라는 걸'

파란 하늘만큼 깊어진 가슴 빈터에 오늘도 침묵을 심고 또 심는다. 혼자 있어도 햇살 노을이 찾아와 빛내주고 별빛 달빛이 함께 밤을 새워주는 나무 같은 사람. 보고 싶은 파란 하늘 올려다보면서 바람이 지나간 자리마다 영혼이 모이는 나무 같은 사람. 나도 누군가에게 그런 사람이고 싶다.

2014. 10

구절초 연가

멈칫멈칫
다하지 못한 사연
푸른 하늘 등에 업고
할랑할랑 피었습니다.

하늘을 마시고 달을 삼킨 향기
당신은 피해갈 수 없는
아득한 전생
나의 운명

시월
날마다
그리운 추억의 초원
이슬방울 문채로 흔들립니다.

5장

겨울나무 이야기

눈이 멀 것 같은 새파란 하늘을 이고 보리 암으로 가는 길은 시리고 눈부셨다. 고즈넉한 암자 마당에 이르는 동안 콩알만 한 빨간 열매가 달린 먼 나무를 만나기도 했다. 꽃보다 아름다운 열매를 달고 있던 이름 모를 나무. 계절을 건너온 그들을 다 기억할 수는 없었다. 내가 이름을 불러줄 수 있는 몇 안 되는 나무들조차 그리움의 거리에 있었다.

다언삭궁(多言數窮)

온도가 갑자기 많이 내려갔다. 지난주엔 16년 만에 '수능한파'가 고개를 들었단다. 어설프긴 했지만 우리지역은 첫눈도 다녀갔다. 바람도 강하게 불어 체감온도는 흡사 한겨울 추위 못지않다. 그럼에도 청사(廳舍) 뒤뜰 은행나무는 아직 가을을 버텨주고 있어 얼마나 고마운지. 낡고 비좁은 청사에서 황홀함을 안겨주는 유일한 공간이다. 며칠 전 보험회사 직원이 내년도 달력을 전해 줬다. 달리는 시간은 사정을 해도 재깍재깍 소리만 낼 뿐 멈추지 않고 잘도 간다. 내 뜰의 황락(黃落)을 눈여겨 살피면서 문득문득 쓸쓸해진다.

생각해보면 세상살이가 말로 뒤덮여 있다. 그러다보니 그 말로

탈이 나기도 한다. 알게 모르게 상처받기도 하고, 상처를 주기도 한다. 그러나 말을 하지 않고 살수는 없다. 말로써 자신을 드러내야 하는 현대인으로선 '말이 적으면 근심이 없다'는 '과언무환(寡言無患)'은 지키기가 쉽지 않은 경구(警句)이다.

조직에서 자리가 올라갈수록 하고 싶은 말이 많아지는 건 사실이다. 눈에 보이는 것 일일이 참견하고, 하고 싶은 말 다하려면 한도 끝도 없다. 학교경영자로서 하고 싶은 말이 참 많았었다. '다언다패(多言多敗)'를 생각하며 말을 줄이려 노력했지만, 여전히 많이 할 수밖에 없었다. 지금 와 생각해보면 꼭 그러지 않았어도 될 걸. 되도록 더 많이 들을 걸 하는 아쉬움이 남는다. 현재 처한 자리서도 마찬가지다. 말을 많이 하는 것보다 되도록 듣는 노력을 기울여야 함에도 그것이 맘 같지 않다.

말이 많다고 상대방을 설득할 수 있는 것은 아니다. 어쩌면 말을 적게 하는 것이 설득하는데 더 효과적일 수 있다. 우리는 흔히 말을 많이 함으로써 조직원과 소통한다고 생각한다. 하지만 그 말 때문에 오히려 갈등이 생기고, 없던 감정의 골이 생길 수도 있다. 말하는 사람의 의도는 그렇지 않더라도 받아들이는 입장에서 오해하고 곡해할 수 있기 때문이다. 본의 아니게 그런 경험을 종종 하게 된다.

도덕경(道德經)에 '다언삭궁 불여수중(多言數窮 不如守中)' 이라는 문구가 나온다. '말이 많으면 자주 궁지에 몰리니 가슴에 담아 두고 있음만 못하다'는 뜻이다. 지도자가 시시콜콜 너무 말이 많으면 결국 궁지에 몰릴 수밖에 없다는 노자(老子)의 생각을 담고 있다.

박재희 교수는 '고전으로 배우는 삶'에서 "말이 많은 건 그저 말없이 자신의 자리를 지키는 것만 못하다. 말없는 가르침은 사람들이 자발적으로 리더의 꿈과 비전을 공유하게 만든다. 老子는 말을 많이 하면 자주 궁지에 몰린다는 '다언삭궁'을 말하면서 그저 넘치지도 모자라지도 않는 중용의 도를 지켜라. 백 마디 말보다 한 가지 실천이 더욱 소중하다."라고 강조하고 있다.

살면서 균형을 유지하는 일은 어려우면서도 중요한 일이다. 조금만 균형이 깨어져도 돌이킬 수 없는 상황이 생기곤 하는 까닭이다. 균형이 맞지 않아 무너진 건물, 평형수가 모자라 가라앉은 거대한 여객선, 감정의 무게가 같지 않아 발생하는 갈등들이 얼마나 많은가. 말도 그렇다. 치우침 없이 균형을 유지하기란 여간 어려운 일이 아닐 것이다.

하루 일과를 마치며 창밖을 보니 만추의 어둠이 더 큰 어둠 속으로 터져 나간다. 아무리 좋은 말도 때를 맞추지 못하면 실언이나 망언이 된다. 별스럽지 않은 말이라도 때에 맞게 하면 상대방의 마음을 훈훈하게 만들기도 한다. 그러고 보면 말 한마디라도 때에 맞게 하는 것이 무엇보다 중요한 게 아닌가 싶다.

2014. 11

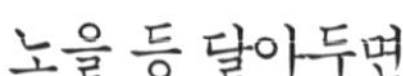

노을 등 달아두면

저 먼 하늘 향해
노을등 하나 달아 두면
단단하던 그의 침묵이
다정한 물소리 되어 흘러 들어올까나

비로소

지난 삼월 학교에서 교육청으로 자리를 옮겼다. 학교장으로 있던 4년 동안 책임자의 자리는 늘 무겁고 부담이었다. 오랜만에 다시 근무하게 된 교육청 업무는 어설프기도 하고 챙겨야하는 일이 많아졌다. 그래도 어깨는 한결 가볍다. 모든 것을 책임져야 하는 자리란 것이 얼마나 버겁고 어려웠었는지를 비로소 느끼며 산다.

총 책임을 지는 자리에서 중간 역할로 바뀌었음에도 여유 없이 동동거리며 살아온 것 같다. 올 들어 연수 한 번을 제대로 받은 적이 없다. 그래 지난 달 말. 부랴부랴 사이버 연수를 신청했다. 이미 시작됐는데 시간을 내기가 만만치 않다. 이러다간 과정을 마칠 수나 있을지 걱정이다. 강좌명은 거창하다. '유쾌 상쾌 통쾌 소통 훈련 프로젝트'다. 언제나 모든 소통이 시원스레 술술 풀려나갈 수 있기를 바라는 맘에서 특별히 고른 강좌다.

며칠 전, 어렵사리 짬을 내어 강의실에 들어가 보니 '생각해 봅시다'란 코너가 불쑥 튀어 나왔다. 새로운 차시로 바뀔 때마다 어김없이 나타났다. '우리들이 모여 만들어진 이 세상이 많이 삭막해졌다고 사람들은 말합니다. 더불어 사는 세상을 위해 나는 무엇을 해왔는지 돌이켜보면서 최근에 웃었던 일과 울었던 일에 대해 떠올려 봅시다'라는 사전질문과 함께 200자 내외로 정리하는 여백이 마련되어 있었다. 바쁘기도 하고 실은 귀찮아서 그냥 넘기려 하니 뭐라도 적지 않으면 다음 장으로 넘어가지질 않았다.

할 수 없이 몇 자 적노라니. 그동안 더불어 사는 세상을 위해 나는 무엇을 해왔는지 울고 웃었던 일, 그 무엇 하나 딱히 잡히는 게 없었다. 헛살았구나 하는 자책감이 들었다. 구태여 이런 코너가 아니었어도, 이 맘 때쯤이면 자연스레 한 해를 돌아보게 된다. 시간이 없다고 허둥대던 일, 숨이 막혀서 못살겠다고, 덥다고 춥다고 발 동동 구르던 시간들. 작고 소소한 일들이 얼마나 행복하고 즐겁게 해주었는지를 알아채지 못한 채, 커다란 행복이 어디 없나 두리번거린 시간들이 부끄럽기도 하고 허망하다.

교육청으로 부임한 얼마 후였다. 어느 행정실장님이 우편으로 시집 한 권을 보내줬다. 고은 시인의 〈순간의 꽃〉. 짧지만 강력한 울림이 있는 시들이 옹기종기 앉아 있었다. '비로소'는 거기서 만난 시다. '노를 젓다가 노를 놓쳐버렸다. 비로소 넓은 물을 들여다보았다.' 단 한 줄이었지만 전율이 일던 그 강력한 힘이란. 삶이 기우뚱거리거나 여유 없이 허우적거릴 때마다 나는 그 시를 떠올리곤 했다. 그러면 해가 뜨면서 일순간 안개가 걷히듯 복잡하고 와글거리는 머릿속이 맑아졌다. 어떤 묘약보다 신통했다. 생각해보면 모든 일이 종이 한 장 아니던가. 노를 들고 있다가 놓치는 순간, 그래도 배는 물 위에 떠 있지 않던가. 노를 놓쳤으나 훨씬 튼튼하고 멋진 새 노를 갖추게 되는 전환점을 맞을 수도 있을 테니 말이다.

얼마 전 남도를 다녀왔다. 눈이 멀 것 같은 새파란 하늘을 이고 보리암으로 가는 길은 시리고 눈부셨다. 고즈넉한 암자 마당에 이르는 동안 콩 알만한 빨간 열매가 달린 먼 나무를 만나기도 했다.

꽃보다 아름다운 열매를 달고 있던 이름 모를 나무. 계절을 건너온 그들을 다 기억할 수는 없었다. 내가 이름을 불러줄 수 있는 몇 안 되는 나무들조차 그리움의 거리에 있었다.

어느새 세밑이다. 지나온 길이 아득하지만 크게 웃었던 일, 눈물 흘렸던 일, 갈등으로 답답하고 때론 절망에 처하던 때도 있었다. 그러한 나날 속에서 나는 늘 하늘을 보았다. 하늘엔 별이 있으니까. 별은 희망이고 그리움이다. 사람을 살아 있게 하는 힘이 있다. 여윈 겨울 햇살이 땅거미 속으로 사라졌다. 하늘을 본다. 비로소 깜빡깜빡 별이 돋는다. 세상만사 모든 일이 뜻대로야 되지 않는다는 것쯤이야 이제는 넉넉히 깨달았지만 그래도 삶은 희망이다.

2014. 12.

무제

눈발이 날립니다.

분분하게 떠도는 소문처럼
날을 세운 바람 따라
넌출넌출 어지럽게 흔들려도
각자 제자리에 내려앉는다 했습니다.

미간을 잔뜩 찌푸린 하늘이
어수선한 지상을 바라보며
침묵하라
근신하라
채찍소리 날리며
몰아세우고 있는 듯 합니다.

겨울나무 이야기

모든 것들이 빛을 잃는 11월의 마지막 주말. 낮게 내려와 앉은 하늘이 잿빛 구름을 안고 헤메이다 두두둑 시작하는가 싶더니 종일 비워 내고 있었다. 요즘 들어 부쩍 불청객 비님이 자주 찾아든다. 가을비 한 번에 내복 한 벌이라 했던가. 겨울을 재촉한다. 그곱던 단풍잎들이 길을 한가득 메우고 있다. 잎사귀가 크고 화려하던 나무들은 거의 옷을 벗어 버렸다. 삶이 힘들고 어려울 때는 다 털어버리고 가볍게 욕심 없는 마음이 되어야 한결 견디기가 쉽다는 듯. 마지막 잎사귀까지 털어내며 겨울 채비를 하는 나무 곁에 나도 한번 서 보았다.

가진 것 걸친 것 다 내려놓으니 가볍다. 눈치볼 일 없으니 편안하다고 건네는 듯하다. 눈시울 붉혀 오던 가을 다 보내고, 목숨의 결을 흔들며 깊은 삶을 탄주하는 겨울 뿌리 깊은 나무. 그들은 찬 겨울을 버티기 위해 모든 수액을 안으로 당기고 보존하여 양분을 저장하고 힘을 기른다. 겨우 내 있는 그대로의 모습으로 내면을 더 충실히 단도리하는 묵언의 시간을 이어갈 것이다.

마지막 가을비라 해도 좋을 성 싶었다. 한낮인데도 저녁 같은 어슴프레한 휴일. 볼일이 있어 잠깐 집을 나섰다. 자동차 시동을 켜자마자 누구인지는 모르겠는데, 느낌 좋은 목소리로 수필 한편이 읽혀지고 있었다. 황동규님의 '겨울나무'라는 것을 즉감했다. 그러니까 그게 언제였던가. 그 수필을 읽으면서 온 몸에 소름이 돋던 때가. 어찌 그리도 간결하고 적절한 비유를 들어 겨울나무를 표현할 수 있는 건지. 경외스러움에 두 번 세 번 연거푸 읽었던 기억이 남자 아나운서의 명품 목소리 속에서 되살아났다.

그 작품을 만난 이후, 내겐 겨울나무를 바라보는 마음의 눈이 하나 더 생겨났다. 맨몸을 그대로 드러낸 채 편안하게 서 있는 나무들에게서는 생략할 것을 다 생략한 어떤 엄격한 아름다움도 느낄 수 있게 되었다. 독특하고 서늘한 겨울나무의 매력에 빠져 한때 '겨울나무 단상'이라는 짧은 글을 끄적이기도 했었다. 무엇보다 겨울나무는 속뼈까지 드러낸 내 그리움과 닮아 있어서 좋다. 그래서인지 잎을 다 떨군 나무들을 보면 자꾸자꾸만 쓰다듬어 주고 싶다.

'겨울나무'가 전하는 메시지는 마지막 문단에 있다. '같은 겨울나무들도 서 있는 곳에 따라 모습이 다르다. 봄여름에는 별 차이가 없으나 겨울 덕수궁에서 보는 나무와 비원에서 보는 나무는 다른 것이다. 비원의 나무가 넉넉하고 편안히 서 있는 데 반해 덕수궁의 나무는 어쩐지 뒤틀리고 불안하게 서 있다. 주위의 소음 때문이 아니면 공기오염 때문일 것이다. 명동 구석에 박혀 있는 나무의 몰골은 말이 아니다. 잎을 두르고 있을 때는 비슷하던 것이 이처럼 달라진다. 사람도 마찬가지일 것이다. 각기 일에 몰두하고 있을 때는 별로 구별이 되지 않지만 일단 일을 그치고 겨울나무처럼 쉴 때

차이는 드러난다. 정신이 서 있는 곳에 따라 모습이 정해지는 것이다. 내가 쉴 때, 내 분위기는 어디 있는 나무인가? 혹시 비원의 나무인가, 덕수궁의 나무인가? 혹시 명동이나 충무로 구석에 궁상맞게 서 있는 나무는 아닌가?'

시처럼 아름답게 옛 이야기를 서리서리 풀어 놓은 겨울나무에게서 또 다른 인생의 비애를 읽는다. 이미 흘러가 버린 일에 대하여 후회하기에는 너무 많은 시간이 지나갔음을 알게 하고, 새로운 것을 설계하기에는 남은 날들이 얼마 되지 않음을 깨닫게 해주던 11월. 그 가난한 달을 보내며 묻는다. 나는 과연 어디에 서 있는 나무인가? 혹여 제 몸에 전깃줄을 칭칭 감아놓고 겨울밤에도 꽃을 피우는 나무들처럼 쉼 없이 달려가고 있는 건 아닌지.

2014. 12

무제

그윽한 시의 마음
빼꼼히 고개 내민 샛별
이 밤
눈물 하나를
떨구고 지나갑니다.

아주 특별했던 송년회

지인의 초청으로 나간 자리였다. 벌써 몇 주 전부터 무조건 시간을 비워두라는 말에 다른 일정 다 재낀 터였다. 친분 있는 분들 몇이 만나 저녁식사라도 하려나 보다 생각했었다. 그런데 예상 외로 준비된 송년회장 이었다. 이름만 대면 알만한 우리지역 출신 유명한 서예가 선생님은 서울에서부터 내려와 손수 음향시설 세팅을 마친 상태였다. 각계각층의 출중한 분들이 하나 둘씩 모여 들었다.

처음엔 좀 당황스러웠다. 하지만 귀한 분들을 만날 수 있는 자리에 함께 할 수 있음에 감사했다. 평소 취미로 익혔다는 색소폰 연주는 물론, 유명 가수 뺨치는 노래 실력들도 대단했다. 대부분 연세가 연만한데도 지칠 줄 모르는 그 열정이 부러웠다. 요즘은 제

나이에 0.8을 곱한 나이가 진짜배기라더니 아주 틀린 말도 아닌 것 같다.

분위기가 한층 무르익어가고 있을 즈음 일반적인 송년회장에서는 볼 수 없는 기이한 장면이 펼쳐졌다. 언제 준비를 했는지 순간 먹물과 보기 드문 큰 붓이 함께 등장했다. 바닥에는 재빠르게 커다란 한지가 펼쳐지고 장내에는 묵향이 번졌다. 서예에 조예가 깊은 몇 분들이 세밑, 새해 덕담을 멋지게 일필휘지했다. 명망 있는 서예대회를 지켜보듯 모두들 숨죽인 모습이 사뭇 장엄했다. 붓을 잡은 분들은 하나 같이 먹물을 바른 손바닥을 찍어 작품을 마무리했다. 분명한 특별 이벤트였다.

송년회장은 다시 흥이 오르고 술잔이 오고 갔다. 그런 사이 어떤 분인가 "사람은 경우가 있어야 한다. 이 세상은 경우만 있으면 다 된다"라는 말을 했다. 나는 열렬히 공감하며 맞장구를 쳤다. 어릴 때부터 친정아버지는 사람을 칭찬할 때 '그 사람은 경우가 바른 사람이다'라고 말씀하시곤 했었다. 어려서부터 들어온 그 '경우 바른 사람' 이 아주 특별한 송년회장에서 새삼 가슴에 와 닿았다.

교육자의 길을 걸어오면서 가슴에 담고 살아온 단어 중 하나가 바로 '경우'다. 나는 지금도 경우 바른 사람을 기르는 것이 진정한 교육이라는 생각에 한 치의 변함이 없다. 경우가 바르다는 것은 무엇일까. 가끔 경우가 바르다는 것은 마이클 샌델 교수가 말한 '현실 속의 구체적 정의'는 아닐까 생각을 한다. 구체적인 시간과 공간, 즉 상황에 맞는 판단과 말과 행동이 바로 경우가 바른 것이다.

사실 경우에 맞는 적절한 생각과 말과 행위를 한다는 것은 결코 쉬운 일이 아니다. 날마다 구체적인 삶의 현장에서 경우 바른 사람이 된다는 것이 너무나 어렵다는 것을 절감하고 있다. 어쩌면 그것은 평생을 두고 배우고 연구하고 실천해도 완성할 수 없는 난제인지도 모른다. 경우가 바른 사람이 되기 위해서는 계속 배우고 실천해야 하며, 자기 성찰과 견문을 넓혀 나가야 하는 것이다. 지식과 지혜는 하루아침에 얻어지는 것이 아니기 때문이다.

누구나 한 해가 저물 무렵이면 지난 시간들을 뒤돌아보게 된다. 연초에 했던 숱한 다짐과 이루지 못한 일들로 인해 자괴심이나 후회를 갖기 마련이다. 그러나 절망하거나 포기하지 않는다. 터키 시인 나짐 히크메트의 '진정한 여행' 시를 떠 올리며 다시 희망을 노래한다. '가장 아름다운 노래는 아직 불리지 않았다. 최고의 날들은 아직 살지 않는 날들…' 지금까지 이뤄진 것, 여태까지 겪은 것들은 모두 예고편일 뿐이라지 않던가. 을미년 새해에도 가슴 뛰는 희망으로 보다 깊은 호흡으로 유연하게 판단하며 경우 있게 행동하며 살겠노라 송년에 다짐을 해 본다.

2014. 12.

지금

인사동의 밤이
저으기 까마득합니다.

지금 여기는
날선 바람들이 아우성입니다.
거기는 지금

당신을 사랑한다는 말이
오늘은 한없이 부끄럽습니다.
그래서
어제의 기억을
변명처럼
부재중으로 돌려놓습니다.

지금
그 어느 때보다
당신이
더 깊이 파고들어옵니다.

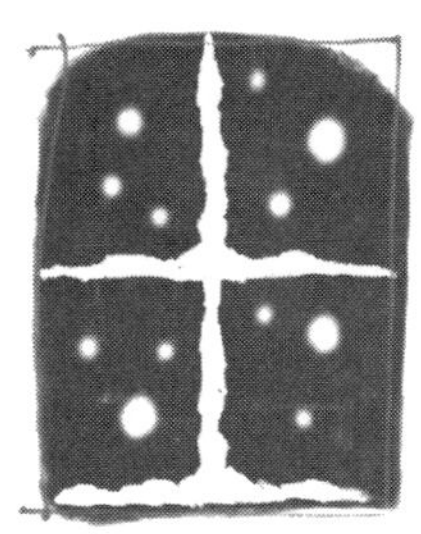

오늘의 밥

침묵으로 한없이 내려앉은 일요일 오후. 세상이 무문토기처럼 불투명하다. 숨결마저 회색빛에 갇힌 날엔 특별히 그리운 것들이 많아진다. 희끄무레한 하루가 신신파스처럼 욱신거린다. 하염없이 생각을 만지작거리다 시(詩) 한 편을 떠먹는다. 오늘의 또 다른 밥이다. 시가 밥이 된 지는 오래 됐다. 허기진 배를 채워도 결코 채워지지 않는 것들이 있어 먹기 시작한 것이 시다. 누군가는 배를 잡고 웃을 일이다.

비록 실 같이 가늘어졌지만 내겐 지금껏 버리지 못하는 꿈이 있다. 멍울진 마음을 한 올 한 올 풀어내어 시를 쓰는 것이다. 내 숨겨진 여명을 읽어낸 어느 지인은 가끔 용기를 줘어주기도 했었다. 그

손길로 한 때는 꿈과 절망과 질투를 버무려 열망을 끄적거렸다. 하지만 마냥 그 자리를 맴돌 뿐, 흉내 이상을 벗어나질 못했다. 오히려 자괴감만 깊어갔다. 끝내 끄적거리는 일조차 내동댕이 쳐버렸다. 그러나 간절한 것은 통증이 있어서 어느 날부터 시를 골라 먹기 시작했다. 그런지가 십여 년이 다 돼간다. 어느 날은 너무나 허전하고 견딜 수 없어 허겁지겁 수십 편을 과식하기도 한다. 가보지 못한 길은 영원히 허기진 그리움이다

오늘의 밥은 김부조 시인의 '곡선에 물들다'이다. '강물이 때때로 마을을 휘돌아 흐르는 것은 결코 휘어짐이 아니다/ 강물은 풍문으로 떠도는 그 강 끝의 비밀을 가리기 위해 곡선의 묘미를 넌지시 곁눈질할 따름이다/ 강물이 때때로 굽이진 노래를 부르는 것은 결코 무너짐이 아니다/ 강물은 비켜설 수 없는 올곧음과의 상생을 위해 곡선의 멋을 슬며시 흉내 낼 따름이다/ 인생의 길은 그 끝이 가려진 곡선/ 내가 기꺼이 둘러서 가는 것은 그 곡선에 물들기 위함이다'

오늘은 직선만이 선이 아님을, 올곧음만이 삶이 아님을 알려주는 밥을 먹었다. 휘어짐이 아닌 무너짐이 아닌 그러한 곡선에 물들기 위해 기꺼이 둘러서 간다는 시인의 말에 내 마음 회로에도 자장

이 일렁거린다. 인생의 길은 곡선처럼 끝이 보이지 않는다. 그래서 안달하며 살아가는 건지 모른다. 나이 들면서 부쩍 떠 올리게 된 시가 있다. 짧지만 깊은 감동, 진한 울림을 주는 고은 시인의 '그 꽃'이다. '내려갈 때 보았네. 올라갈 때 못 본, 그 꽃' 시는 분명 내 안에 허기짐을 채워주는 밥이다. 밥은 곧 살아있음의 증거다.

모든 게 인연 따라 간다. 눈에 보이는 사물이 인연으로 엮여있다. 사람과의 인연도 그렇지만 내가 만나는 시도 그렇다. 그 인연은 매일 일어난다. 그러나 아무리 많은 인연이 닿아도 그것을 느낄 수 있는 육감을 지닐 때만이 비로소 꽃으로 피어난다. 피천득은 '어리석은 사람은 인연을 만나도 몰라보고, 보통 사람은 인연인 줄 알면서도 놓치고, 현명한 사람은 옷깃만 스쳐도 인연을 살려 낸다' 하지 않았던가.

혼자 있는 휴일엔 늘 바람이 분다. 그 바람이 먼저 나를 읽는다. 정신없이 나를 넘긴다. 아직 씌어 지지 않은 페이지까지. 오늘도 나는 인생이라는 미지의 여행에 시를 동반하여 함께 간다. 추억과 그리움으로 잉태된 시들을 골라 먹으며 결코 달음질 하지 않는 내 삶의 진짜 여행을 시작한다.

2015. 1.

커피

우두커니
흐느적거리는 오후

나목에 걸터앉은
가녀린 햇살도 졸고 있군요.

뜨거운 커피 한잔
부드러운 향이 먼저 올라와
내 안을 깨웁니다.

커피 속에 담긴 당신도
빗장을 풀고
황홀하게 흘러나옵니다.

향일암 연가

그를 만난 건 3년 전 일이었다. 새벽부터 부지런을 떨며 화단을 휘두른 회양목 새순들을 다듬었다. 그날은 부처님 오신 날이었다. 인연 따라 흘러가는 것이 인생이라지만 그 인연이라는 거 살아볼수록 참 묘하기도 하지. 늦은 아침식사를 부랴부랴 해치우고는 뭐에 이끌린 듯 아랫녘으로 내달렸었다. 그렇게 아카시아 향기 따라 한없이 내려가니 그가 바위 위에 망부석처럼 오롯이 앉아 있었다. 화려한 연등 빛 하늘을 이고 청아한 바다를 껴안은 채. 그게 우리의 첫 만남이었다. 모든 것이 아찔했었다.

그를 만난 뒤로 잊은 적이 없다. 부러 생각을 아니 해도 어느 결에 나는 그 곳에 가 있곤 했다. 늘 그 길을 걷고 있었다. 어느 날은 손을 뻗다뻗다 닿을 수 없어 그만 눈을 감아 버렸다. 늘 마음이 먼저 가 안부를 묻고 흔적도 남기지 못한 채 돌아오기 일쑤였다. 어떤 돌아봄의 언저리. 어떤 낮은 하늘빛. 들숨과 날숨 사이 한 곳이 끝내 내게로 보이는 길이 그리움이라 했던가. 잊은 듯이 잊힌 듯이 그래야 하는구나. 그래야 하는구나. 얼마를 더 그래야 하느냐. 가만가만 봄을 꼽으며 살았다. 태연한 척 딴짓하다 바람에 걸리곤 하던 그리움. 그리웠다. 가고 싶었다.

지난해 학교에서 교육청으로 자리를 옮긴 후, 시간내기란 쉽질 않았다. 남편과 막내아들이 방학으로 여유를 좀 찾은 2월의 어느 날. 드디어 꽁꽁 숨겨둔 그를 찾아가기로 맘먹었다. 새벽부터 단단히 준비를 했다. 지친 그리움 따라 제 발로 찾아드는 이런 내 맘을 남편은 알까 몰라. 아무렇지 않은 듯 그렇게 구름 한 점 없이 맑은 날이었다. 스치는 바람결이 구름처럼 부드러웠다. 한 계단 한 계단 그렇게 얼마를 걸어 올라갔을까. 마침내 그리움의 장막이 거치고 그의 모습이 드러났다. 생생하면서도 견고한 침묵. 정갈한 영혼. 석부작 한난처럼 바위에 앉아 세상의 어둠을 밝혀내고 있었다. 그리움으로 흘려보낸 시간들이 수천 갈래로 달려들었다. 묘한 울림. 벅찬 가슴으로 그를 으스러지게 끌어안았다.

그의 뜰엔 관음이라 불리는 늙은 동백나무들이 거친 옹이가 박힌 허리를 뒤틀며 안간힘을 다해 꽃을 밀어내고 있었다. 보일 듯 말 듯 상처는 치열하고 그 붉음은 가히 악마적이었다. 옥빛의 바다, 잔잔한 파도가 핥고 있는 섬들은 무섭게 예뻤다. 북적이는 사람들 새로 해당화 빛깔의 촛불을 켰다. 우리의 만남이 언제 또다시 이루어질지 지금은 알 수 없다. 하지만 다른 속도와 방식, 방향으로 각자의 길을 걸어가면서도 어느 지점에선가 또 이렇게 만나게 해 달라 빌었다. 모든 일이 수리수리 마수리되게 해 달라는 소원까지 살짝 끼워 능청스럽게 기원했다.

운주사 와불님 뵙고 돌아가던 길에 '풍경 달다' 시인처럼 나도 그의 처마 끝에 풍경 하나 달아 두고 내려왔다. 돌아오는 길. 자꾸

만 뒤를 돌아다보며 '먼데서 바람 불어와 풍경소리 들리면 보고 싶은 내 마음이 찾아간 줄 알아라' 중얼거렸다. 같은 숲길을 걸어도 보고 느끼는 것이 저마다 다르다. 관심과 사랑은 사람의 눈을 열게 한다. 어떤 이야기가 만들어질 때 비로소 특별함으로 다가온다. 다만 그였기 때문에 나였기 때문에. 더 잘 보이고, 잘 보이면 더 깊이 알게 된다. 진정한 만남이란 다 그렇다.

살다보면 당최 빛나는 일도, 신나는 일도 떠오르지 않을 때가 있다. 가장 처절하게 인생과 육박전을 벌이고 있다고 생각될 때, 그리운 인연 하나 있다는 것은 희망이고 든든한 뒷심이다. 그는 내게 그런 존재다. 자석을 땅에 끌면 쇠붙이가 달라붙듯이 그렇게 갑자기 그리운 대상이다.

한참을 그에 공간에 서 있던 느낌을 생생하게 살려 낸다. 돌올하게 새겨진 모습은 별빛보다 아득히 눈부시기에 아무도 훔쳐갈 수 없다. 사랑은 사랑의 눈으로 바라보는 일이라며 따뜻한 말씀으로 봄이 풀리고 있다. 아지랑이 일렁이며 고운 향기 훅 끼쳐올 때 다시 가리라. 홀로 봄을 빗고 있을 그대를 만나러.

2015. 4

맨드라미

타는 가슴 붉은 솜털에 물들인 몸
낮게 피어도 하늘 가득한 그리움
바람이 지나다 만져주는 기억 저편으로
밀려드는 첫사랑의 추억

턱을 고이고 눈을 감으면
추억의 돌기를 타고
구석구석 피돌기를 시작해
쌓였던 세월이 발그레해집니다.

짧지만 강렬했던 시간

'황새는 날아서 말은 뛰어서 거북이는 걸어서 달팽이는 기어서 굼벵이는 굴렀는데 한날한시 새해 첫날에 도착했다. 바위는 앉은 채로 도착해 있었다.' 반칠환 님의 '새해 첫 기적' 시의 전문(全文)이다. 이 시는 2012년 12월부터 2013년 2월까지 광화문 교보빌딩 벽에 대형 걸개로 내걸려 화제가 되었었다. 황새나 말처럼 날고 뛰는 재주를 가졌다고 우쭐할 것도 없고, 달팽이나 굼벵이처럼 느려 터졌다고 침울할 이유도 없다. 각자 최선을 다해 살아온 결과, 살아 존재하는 것이므로 새해 첫날을 겸허히 맞이하고 새롭게 시작하자는 의미를 담은 것이리라. 바위의 묵직함을 배우며, 소소함에 감사하고, 잔잔하고 행복한 삶을 소망할 일이다. '진정한 기적은 아직 살지 않은 날들 가운데 잠복되어 있는 것이다' '가장 넓은 바다는 아직 항해되지 않았고, 가장 빛나는 별은 아직 발견되지 않았다'는 믿음으로 우리는 지금 새해 새날들을 여행하고 있는 것이다.

아주 오래전부터 꿈꿔 왔던 게 있다. 언젠가는, 언젠가는 하고 스스로를 다독였다. 그러나 그게 마음처럼 쉽지 않은 일이었다. 화근이라면 그게 화근이었다. 연말의 바쁜 일상 속에서 여행 계획이 급조됐다. 지금이 아니면 안 될 것만 같은 조바심도 한 몫 거들었다. 그래서 더 정신이 없었다. 여행은 떠나기 전의 설레임과 준비하는 즐거움이 만만치 않은 법인데 그걸 누릴 여유가 없었다. 새길을 떠날 짐을 꾸리는 일도 제대로 하질 못했다. 그렇게 엉성하게 떠나야만 했다. 그래도 좋았다. 오래된 꿈을 실현하기 위해 떠날 수 있다는 자체만으로도 충분했으니까. 그러고 보면 늘 바람 가득한 광야를 가슴에 안고 살아온 건지도 모르겠다. 그래서 떠나는 것이겠지. 돌아오기 위해서도 떠나고, 다시는 돌아오고 싶지 않아도 떠나는 것이다.

이스탄불에서부터 이즈밀, 에페소, 파묵칼레, 안탈리아, 콘야를 거쳐 카파도키아에 이르기까지 짧지만 강렬했던 추억의 보따리를 다시 풀어본다. 비행기 안에서 맞은 갑오년 새해는 감격스럽기보다는 피곤하고 힘들었다. 이스탄불 공항에 내리자마자 유럽과 아시아를 가로지르는 실크로드의 종착역 보스포러스 해협을 크루즈 했다. 해안선을 따라 늘어선 예쁜 집들과 유구한 역사를 자랑하는 이스탄불 시가지의 모습이 피곤함을 걷어내고 한편의 영화처럼 흘러갔다. 블루모스크라는 이름으로 더 알려진 술탄아흐멧 사원은 화려한 스테인 글라스와 내부의 푸른색 타일들로 눈부셨다. 거기다가 대포문 궁전이라는 특이한 뜻을 가지고 있는 톱카프 궁전은 당시의 생활상을 반영하는 오스만 유물들을 소장하고 있어 역사적 가치가 남달랐다.

터키 최고의 건축가 시난이 황제를 위해 지은 하렘은 술탄과 황후, 황제비, 후궁들이 기거하던 곳으로 비밀의 장소였다고 한다. 무엇보다 화려한 내부 장식들이 눈길을 끌었다. 신성한 지혜의 교회라는 뜻의 아야 소피아 성당은 이스탄불의 랜드 마크로 현재는 박물관으로 쓰이고 있었다. 기독교와 이슬람 사원의 모습을 모두 갖추고 있어 비잔틴 시대를 대표하는 최고의 유적이다. 17세기 비잔틴미술의 걸작으로 그리스 정교와 이슬람교가 공존하는 스테인 글라스와 모자이크 등이 대단하게 여겨졌다. 이스탄불에서의 또 하나 잊을 수 없는 볼거리는 그랜드 바자르 시장이었다. 그 규모면에서도 그렇고, 각종 그릇, 장신구, 테이블, 귀금속이 볼만했다. 종류와 가격도 매우 다양했다. 무엇보다 흥정하는 재미가 넘쳐나는 곳이었다.

고대 로마의 유적이 로마보다 더 많은 곳, 게다가 성경에 나오는 유적지까지 일일이 열거하기에 벅찰 정도였다. 십자군전쟁의 보드룸성은 에게해를 중심으로 얼마나 멋지고 잔잔하던지. 너무 아름다워도 눈물이 나는 경험을 터키에서 여러 번 했다. 안탈리아의 녹취 빛 지중해는 더더욱 잊을 수 없다. 통통배를 타고 항해하는 동안 갑판 밑 바다 바닥이 투명하게 빛났다. 어디선가 귀 익은 팝송이 바람결에 묻어오자 순간 걷잡을 수 없는 거센 힘으로 눈물이 흘러나오고 있었다. 선글라스 너머로 흐르는 눈물에 알 수 없는 슬픔이 더해지고, 그 슬픔은 새로운 눈물을 또 밀어 올리고 있었다. 처음 만난 지중해에 그렇게 한껏 눈물을 뿌리고 왔다.

규모와 질적으로 최고의 로마도시 유적지 에페소에는 3층 규모, 2만 5천명을 수용할 수 있었다는 원형경기장, 셀수스 도서관, 하드리아누스, 아르테미스 신전이 있었다. 제대로 된 모습은 아니었지만 고전미 흐르는 모습은 우아했다. 세월을 초월해 건축가의 영혼이 살아 숨 쉬고 있음을 보여주는 듯했다. 거기다가 터키 명물 중 거의 세 손가락 안에 든다는 세계문화유산인 파묵칼레. 그곳엔 석회봉과 노천온천, 석회질의 온천수가 오랜 세월 산비탈에 침전되어 신비한 백색의 세상을 드러내고 있었다. 마치 하얀 설국에서 온천수에 발은 담고 있는 그런 착각이 일었다.

마지막 코스인 카파토키아에는 자연이 만들어 낸 환상의 기암괴석이 펼쳐진 괴뢰메 골짜기와 피샤바 계곡의 웅장한 모습이 기다리고 있었다. 뾰족한 바위라는 뜻의 천연 요새 우치히사르는 물론, 기암에 굴을 뚫어 만든 동굴수도원들이 수도 없이 많았다. 박해 받던 그리스도인들의 피신처가 되었다는 지하도시 데린구유를 돌아볼 때는 신이 인간과 그리 멀지않은 관계라는 생각이 들었다. 지하도시를 빠져 나오니 모처럼 하늘이 불붙어 타고 있었다. 붉은 색의 찬란한 향연이었다. 자연이 그려내는 거대한 화폭, 어찌 인공의 색이 자연의 색을 당할 수 있으랴. 다음 날, 시린 새벽 다소 비싼 선택 관광인 열기구 탑승의 경험은 전율적이고 대단했다. 그 첫 경험은 아나톨리아나 고원의 기암지대가 만들어낸 대자연의 경이로움을 온전히 느낄 수 있게 해주었다.

여행은 언제나 신선하고 상쾌한 공기다. 삶에 새로운 피를 공급하고 심장을 뛰게 만들어 준다. 다 타버려도 좋은, 다 불살라져도 좋을 것만 같은 새로운 열정을 불어 넣어 준다. 그래서 여행은 가진 것을 모두 투자하고도 후회하지 않을 만한 가치가 있는 것이다. 이번 여행은 그 어느 곳보다 더 강렬하고 특별한 여정이었다. 돌아보면 모든 게 길이었다. 하늘도 바다도 땅도 인생도. 언젠가는 세계적인 도보 여행가 '베르나르 올리비에'처럼 나만의 길을 걷고 싶은 바람이 있다. 모든 것을 내려놓고, 몸을 던져 한 발 한 발 내딛는 감동을 느끼고 싶다. 걸음 뒤에 숨은 이야기를 맛깔스럽게 책으로라도 엮어낼 수 있다면 그 또한 더 없는 행복이지 않겠는가.

2014. 2

무제

집 앞 가로등이 깜빡깜빡
신기한 듯 바라보네요.
보기 드문 인물 하나 서 있다고
그래
나 보기 드문 인물 맞다고
누군가에게 취급받지 못해도
끝까지 들이대는 별종 맞다고
답했습니다.

새해 소망

새해가 되면 누구나 소망을 기원한다. 가족의 건강과, 아이들이 공부 잘했으면, 돈을 좀 더 많이 벌어 부자가 됐으면 하는 등등. 그런데 청양의 새해 소망엔 특별히 더해진 게 있다. 새해 사회 · 국가에 대한 세대별 소망조사에서 나타난 결과에 의하면, '더 안전한 나라, 갑질 없는 사회가 됐으면'을 바란다고 했다. 더구나 20대부터 60대 이상에서 1위부터 3위까지 '갑질하지 않기를 바란다'는 항목은 안 들어간 곳이 없었다고 한다. 지난해 유난히도 크고 작은 사고로 상처받고 지친 국민들의 마음이 표출된 것이라 여겨진다.

최근 서울의 한 커피전문점에서 매월 첫째 수요일에 여는 '따뜻한 말 한마디' 이벤트가 화제가 됐다. 주문할 때 무뚝뚝하게 "아메리카노"라고 말하면 원래 가격보다 50% 추가된 금액을 받았다. "아메리카노 한잔"이라고 말하면 제값을, "아메리카노 한잔 주세요"라고 하면 커피 값을 20% 깎아 줬다. 종업원 이름을 불러주며 인사하고 주문한 뒤 하이파이브까지 하면 50%를 할인해 줬다. 말 한마디만 잘하면 3,900원짜리 아메리카노 한 잔을 1,950원에. 종업원을 존중하고 예의를 지키는 손님일수록 싸게 커피를 마실 수 있는 것이다. 언젠가 신문에서 읽었던, 프랑스 니스의 '라 프티트 시라' 카페의 가격 정책이 연상됐다. 무례한 손님들 때문에 기분이 상하는 직원이 많아 이런 방식을 도입했는데, 생각보다 손님들의 반응이 좋아 계속하고 있다고 한다.

여느 날과 전혀 다를 바 없어도 새해 첫날의 느낌은 늘 새롭다. 새해 들어 며칠 후, 지인이 여느 덕담과는 색다른 짧은 편지를 보냈다. 알고 보니 수필가로 명성이 큰 피천득 선생님의 '그립습니다' 시(詩)의 전문이었다. '달무리 지면 이튿날 아침에 비 온다더니 그 말이 맞아서 비가 왔네. 눈 오는 꿈을 꾸면 이듬해 봄에는 오신다더니 그 말은 안 맞고 꽃이 지네' 그렇게 끝나는 시 뒤로 덕담 한 줄이 덧붙여져 있었다. '새해 그 말도 맞아서 님이 오시길 빕니다.' 뒷날 감사 통화를 하게 됐는데, 시와 더불어 덧붙여진 한 줄의 의미까지 자세히 설명해 주었다. 따뜻한 목소리로 "새해에도 하는 일마다 모두 잘 되기를 빈다"며 한 번 더 덕담을 해주었다.

살다 보면 소소한 것에 감동해 눈물이 찔끔 나는 경우가 있다. 그러고 보면 사람이 가질 수 있는 큰 재산중의 하나는 바로 따뜻한 마음이 아닐까. 그런 마음을 표현하면 더할 나위 없겠지. 누군가는 '삶이란 그 무엇인가에, 그 누구엔가에 정성을 쏟는 일이다'라고 했다. 따뜻하고 진솔한 마음만 있으면 그것이 무엇이든 간에 어느 순간 술술 풀려가기 마련이다. 따뜻한 말 한 마디로 주변이 푸근해진다. 논리가 통하는 사이보다 마음이 통하는 사이가 진짜다. '타오를 때는 서로에게 든든한 밑불이 되고, 타다가 꺼지면 영원한 희망의 불씨가 되자'라는 말을 밑둥 삼아 새해에는 따뜻하고 안온

함으로 희망을 주는 사람이 되고 싶은 건 큰 욕심일까.

"나도 67세는 처음 살아봐요" 배우 윤여정씨가 '꽃보다 누나' TV 프로그램 마지막 방송에서 한 말이다. 오늘도 처음 살아보는 오늘이다. 내일도 처음 살아보는 내일이다. 처음이라는 펄펄 끓는 말은 그 주는 의미가 크다. 그러니 날마다 새롭게 살 일이다. 목련 꽃망울 같은 고운 꿈을 가슴 가득 피워 올리며 하늘 향해 뻗은 소나무처럼 손을 들고 소망한다. 새해는 부디 너무 견디기 힘든 아픈 일이 없이, 열심히 일할 수 있는 건강과, 그저 노력한 만큼의 결과는 허락되는 무탈한 한 해가 되기를.

2015. 1.

주고받은 날

날아온 너

산자락 여전히 빗기운 머뭇머뭇
느릿느릿 흘러가는 잿빛 구름
창 밖 달음치려는 그림자 의자에 붙잡아 매는 나

달려간 나

나뭇가지에 매달린 빗방울들이
물오른 꽃봉오리 같습니다.
비 내리는 밤
죽음도 불사하고 내 달렸지요.
그래도 무섭지 않았어요.
당신 맘을 이불처럼 덥고 달렸으니까..

이 비 그치고 나면
무수하게 솟아날 새눈들의 향연이 기대됩니다.
당신의 따뜻한 외면을 견딜 수 없는 날엔
그 냥 달려갈 겁니다.

처음처럼

교장을 흔히 '교직의 꽃'이라 말하기도 한다. 물론 내 생각은 좀 다르지만. 사령장을 받고 부임한 지 어느덧 4년이란 세월이 흘렀다. 조직의 시스템을 구축하고, 학교환경을 정비하며 열악한 농어촌 학생들에게 꿈과 감동을 주는 교육을 펼치기 위해 숨 가쁘게 달려온 시간들이 파노라마처럼 흐른다. 학교라는 울타리에서 만난 교직원과 학생들과의 인연도 떠오른다. 그동안 많은 일이 있었다. 이제는 비, 바람 스쳐간 흔적은 감춰지고 보람 있었고 행복했던 그림이 더 많이 남아 있다. 모두가 학교를 믿고 응원해준 사람들 덕분이다.

발령 받았을 때는 덜컥 겁이 나고 자신도 없었다. 경험이 없기 때문이기도 했지만 초빙이라는 두 글자가 주는 무거운 책임감이 더하지 않았나 싶다. '실력을 다지며 꿈을 디자인하는 학교'라는 비전을 세우고, 농어촌 소규모학교의 장점을 최대한 살린 차별화된 교육활동으로 교육공동체 모두의 행복지수를 높이는 데 주력했다. 무엇보다도 위축되어 있던 학교를 활성화시키기 위해 나름 애를 써왔지만 돌아보니 아쉬움의 자리가 더 크다.

교육비전, 교육목표, 경영관 등 밑그림으로 디자인한 것들이 학교 현장에서 현실화될 때마다 주체할 수 없을 정도로 가슴이 뛰고, 가늠할 수 없는 열정과 힘이 솟구치곤 했던 기억이다. 꿈이 스케치된다는 것. 그것이 현실화 된다는 것처럼 가슴 뛰게 하는 일이 또 있을까? 어느 날은 학교에 있는 하루 종일 향기로운 멀미가 났었다. 학교를 경영한다는 것은 참으로 매력적인 일이다. '학교와 학생을 모두 살리는 행위와 같다.'라고 하면 너무 무리한 표현일까. 학교경영은 교사와 학생이 무언가를 느끼게 하고, 학부모와 지역사회 등 교육공동체가 그러한 느낌의 공유를 통해 스스로 움직이게 하는 것이라 생각했다. 교육다운 교육을 실천하기 위한 철학이 있는 교장이고 싶었다. 본말이 전도된 슬픈 교육대신 희망 가득한 교육을 펼치고 싶었다. 모두가 행복한 학교, 교사가 신나고 학생이 신나면 교육은 바르게 잘 이뤄지리라 믿었다. 모든 것은 우리가

무엇을 믿느냐가 중요하다. 무엇을 믿는지에 따라 방향이 달라지기 때문이다. 개인의 미래는 물론 우리가 하고 있는 교육, 나아가 사회의 미래가 달라질 수 있다. 그러한 믿음으로 4년의 시간을 보냈다. 그런데도 아직 갈 길은 멀기만 하다.

시간이 지나면서 경쟁과 협력을 조화시키는 중용의 마인드가 요구된다는 점에서 학교경영과 기업경영이 본질적으로 비슷하다는 것도 배웠다. 맛있는 학교, 매력적이고 성장 스토리가 있는 행복한 학교 경영의 변화의 중심에는 무엇보다 학교장이어야 한다는 생각에도 변함이 없다. 교장은 단순한 학교 관리자에 머물지 않고 공교육 개혁을 선도하고 촉진하는 디딤돌이 되어야 한다. 우두

망찰 바라만 봐서는 더더욱 안 된다. 경영전문가 공병호는 '진정한 리더십은 사람의 마음을 움직이게 하는 것'이라고 했다. 특히나 불확실한 상황에서 지식과 지혜를 바탕으로 올바른 결정을 내려야 하는 상황 주도적 리더십을 발휘할 줄 알아야 한다. 그래야 좋은 교육리더가 될 수 있고, 우리가 꿈꾸는 행복한 학교, 행복한 교육을 만들어가는 초석을 다져 나갈 수 있을 것이다.

교육은 단순히 가르치는 것이 아니라 희망에 대해 이야기하는 것이라고 생각한다. 아찔한 설렘으로 첫 출발하던 그 때, 그 첫 마음으로 돌아가 매력적이고 행복한 학교를 만들어 가는데 다시 열정을 부리고 싶다. 땅 속에 고물거리는 벌레들이 몸을 뒤척이는 소리, 나무뿌리들이 아주 조금씩 깊은 곳으로 가느다란 발을 뻗는 소리가 들려온다. 모두가 희망이고 설렘의 소리다. 지금은 춥지만 기다려 주면 봄 햇살 아래서 그들의 비밀을 하나 둘 열어 줄 것이다. 언제나 그래왔듯이 강물은 여일하게 흐르고 계절이 오고 가면서 꽃들은 아름답게 피고 지겠지. 이제 다시 시작이다. 처음 너를 만나던 그 날처럼 그 두근거림으로…

2014. 2

편지

다시 눈이 내리고
옥양목을 펼쳐 놓은 듯
세상은 은빛 설원입니다.

요즘 우리 동네가 자주 그렇네요.
밤새 또 내린다는 데
큰 걱정입니다.

시가 올라왔네요.
오늘밤
당신 마음이 눈발 되어 건너왔나 봐요.
마음과 마음 사이로
그리움이 가득 고입니다.

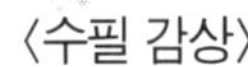

〈수필 감상〉

'배를 만드는 기술을 익히기보다는 먼저 바다를 꿈꾸게 하라.'는 말이 있다. 너른 세상을 꿈꾸는 사람은 자연 그에 걸맞은 배를 만들 것이기 때문이다. 물론 그런 교육의 중심에 우리 교육자들이 있다. 따라서 우리는 어떠한 상황에서도 '살아있는 자의 의무'처럼 꿈꾸고 희망을 갖게 해야 한다.

신경희 교육과장님의 『꿈에 수작을 걸다』는 그런 것을 염두에 두고 쓴, 시를 곁들인 교단 에세이집이다. 일찍이 꿈을 현실화시키는 것이 교육임을 알고, '실력을 다지며 꿈을 디자인'하는 학교경영을 해왔던 것이다.

책 곳곳에 교육자로서의 '중심의 괴로움'이 묻어난다. 슬픔을 이해하고 계절을 인식하게 되면 그것은 성숙했다는 의미이다. 이렇듯 글이 익었으나 감수성만은 여전히 문학소녀다. 그래서 글이 미덥고 따스하다. 문학은 삶의 '교통순경'이라고도 한다. 이 책이 우리 교단에 그런 역할을 해줄 것으로 믿는다.

— **윤병화(수필가 · 시인)**

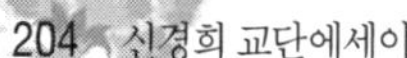

〈수필 감상〉

신경희 수필은 귓가에 살랑대다 맴도는 봄바람과 닮았다. 주제를 내걸고 큰 목소리로 이야기하지 않아도 이 시대의 어른으로, 엄마로, 교육자로 살아가는 인생의 행로가 고스란히 담겨져 있다.

누구에게나 내가 갖지 못한 것에 대한 미련과 그리움은 있기 마련이다. 부끄럽지 않은 당당한 교육자로 서기 위해 접어두었던 시와 수필과의 인연을 놓지 못하고 조금은 늦은 걸음마로 그녀는 이제 꼭꼭 옮아두었던 꿈에 날개를 달기 시작했다. 머물고 있는 교육의 현장에서 놓치고 싶지 않은 이야기들과, 지금의 자신을 만드느라 외롭기도 하고 힘들었을 또 다른 자아를 다독이며 위로하기도 한다.

그의 작품은 거친 듯 세련되지 않았지만 세상에 손 타지 않은 아침 이슬 같은 맑음이 있다. 그의 수필 행간 행간에 놓여있는 소소하고 오롯한 마음을 읽으며, 짜르르 살갗에 소름 돋는 감동이 있다. 오늘은 그녀와 이팝나무꽃 하얗게 쏟아지는 오월의 그루터기에 앉아 마법처럼 그녀의 '수작'에 걸려 해 지는 것도 잊은 채 놀아나고 싶다.

— 이영옥(시인)

꿈에 수작을 걸다

신경희 지음

발 행 일 | 2015년 5월 26일
지 은 이 | 신경희
발 행 인 | 李憲錫
발 행 처 | 오늘의문학사
출판등록 | 제55호(1993년 6월 23일)
주　　소 | 대전광역시 동구 대전로 867번길 52(한밭오피스텔 401호)
전화번호 | (042)624-2980
팩시밀리 | (042)628-2983
홈페이지 | http://www.lito77.co.kr(홈페이지)
전자우편 | hs2980@hanmail.net

공 급 처 | 한국출판협동조합
주문전화 | (070)7119-1752
팩시밀리 | (031)944-8234~6

ISBN 978-89-5669-683-6
값 12,000원